COMO GANHAR DINHEIRO?

Isso você já sabe, agora aprenda

COMO GASTAR DINHEIRO

E tenha prosperidade financeira!

Marco Meireles

FRASE INSPIRADORA: O HOMEM QUE REALMENTE DESEJA FAZER ALGUMA COISA SEMPRE ENCONTRA UM

CAMINHO. AQUELE QUE NÃO DESEJA TANTO ASSIM SEMPRE ENCONTRA UM OBSTÁCULO. (NAPOLEON HILL)

AGRADECIMENTOS

Agradeço a Deus acima de tudo. Agradeço aos meus pais que fizeram o possível e o impossível para me dar uma educação de qualidade e desenvolver em mim princípios e valores humanistas e cristãos. Agradeço a minha esposa Aline por todo cuidado, carinho e amor comigo. Agradeço também meus irmãos Adenias e Maxwell por fazerem parte de minha vida, mesmo no momento em que discordávamos ou brigávamos acredito que pude aprender muito com cada um deles. Agradeço aos meus amigos e colegas de trabalho pelo incentivo e por acreditarem em minha capacidade.

INTRODUÇÃO

Este livro destina-se a ensinar o que sei de Educação Financeira para todas as pessoas. Saber os conceitos e princípios básicos da Educação Financeira e Finanças Pessoais, com certeza, vai lhe livrar de muitos infortúnios e sofrimentos na área financeira da sua vida. Infelizmente aqui no Brasil não se ensina Educação

Financeira nas escolas e não temos, culturalmente falando, o hábito de buscar conhecimento nessa área, por diversos motivos não o buscamos, os quais não discutidos nesse livro. É importante saber que se você está lendo este livro, você está à frente de 99% da população brasileira que não tem nenhum conhecimento nessa área e por isso padece. Desejo a todos Sucesso Financeiro.

ÍNDICE

CAPÍTULO 1 – CONCEITO DE RIQUEZA.....................05

CAPÍTULO 2 – TRAVAS MENTAIS................................14

CAPÍTULO 3 – COMO GASTAR O DINHEIRO..............27

CAPÍTULO 4 – APRENDA ECONOMIZAR DINHEIRO....41

CAPÍTULO 5 – COMO INVESTIR....................................90

CAPÍTULO 6 – ATIVOS FINANCEIROS........................109

CONCLUSÃO..112

REFERÊNCIAS..113

CAPÍTULO 1 – CONCEITO DE RIQUEZA

Segundo o dicionário online de português <www.dicio.com.br> riqueza é a qualidade do que, ou de quem é rico; opulência, abundância de bens, de fortuna. Bens materiais, de valor: possuir muitas riquezas. Na linguagem figurada riqueza é: cópia, fartura, abundância de qualquer coisa: riqueza de imaginação. Fertilidade, fecundidade: riqueza do solo. Ostentação, luxo, fausto: a riqueza dos templos antigos.

Pela definição do dicionário a palavra riqueza está muito vinculada à grande quantidade de alguma coisa. No caso da vida financeira significa grande quantidade de dinheiro e bens. Porém quero expandir esse conceito e depois restringi-lo a um novo tipo de riqueza. Em um conceito mais amplo **riqueza é a abundância da vida, é ser abundante em dinheiro, bens, saúde, tempo, amor e paz de espírito**. De nada adiante você possuir muito dinheiro se você não tem saúde, se você é um doente terminal. De nada adiante você ter muito dinheiro e saúde, mas se você não tem tempo para sua família, seus amigos e tempo para si mesmo. Nessa situação você é escravo do dinheiro. De nada adianta você ter muito dinheiro, saúde e tempo, mas se você não tiver ninguém com quem compartilhar essas coisas, se você não amar ninguém ou não ser amado. De nada adiante ter isso tudo se você for um solitário. De nada adiante você ter muito dinheiro, saúde, tempo, amor, mas se sua relação com as pessoas for ruim. De nada adianta isso tudo se você tem apenas falsos amigos que querem apenas aproveitar do seu dinheiro e se o clima em sua casa for ruim. De nada adianta ter isso tudo se a convivência com as pessoas que você ama for um inferno, que você tenha vontade de voltar imediatamente para o trabalho quando por os pés em casa. De nada adianta isso se você não tiver paz, mas não uma paz comum, uma paz que transcenda qualquer imprevisto ou adversidade. Quando você conseguir ter dinheiro, saúde, tempo, amor e paz de espírito, ou seja, ter uma vida abundante, então você será verdadeiramente rico.

CONCEITO DE RIQUEZA FINANCEIRA

Agora desejo falar do ativo financeiro mais precioso de todos: o tempo. **O tempo é o nosso principal ativo**: ele não pode ser substituído, a hora de hoje não é igual à hora de ontem; o tempo não pode ser recuperado, uma vez perdido ele estará perdido para sempre; o tempo não tem valor, pense, quanto você pagaria para estar perto das pessoas que ama? Quanto você pagaria para ter uma semana a mais de vida se você fosse um doente terminal? Quanto você pagaria para voltar no tempo e dizer o que sentia por aquela garota ou aquele rapaz? Quanto você pagaria para voltar no tempo e não ter perdido a primeira palavra do seu filho, o jogo de futebol dele, a festinha na escola ou coisa parecida? Quanto você pagaria para ter todo o tempo do mundo e não precisasse ter que ficar preso horas no serviço ou em um determinado local ou cidade?

Agora que ressaltamos a importância do tempo em nossas vidas gostaria de apresentar uma fórmula matemática em que o conceito de riqueza financeira está intimamente relacionado com o tempo.

A medida da Riqueza segundo @marco_meireles

$$R = (D/t) \cdot f$$

Onde R = Medida da riqueza, D= recursos (Dinheiro é o mais comum), t= tempo e f= fator de uso.
f= 1; se gasta-se menos recursos em relação ao que se ganha
f= 0,25; se gasta-se mais recursos em relação ao que se ganha

Figura 1: Conceito de riqueza financeira.

Através desta fórmula podemos observar que para ser rico, financeiramente falando, não é necessário apenas ter dinheiro ou recursos financeiros, é necessário também observar se gasta-se mais do que se ganha (variável f) e quanto tempo livre se tem (variável t). Por exemplo, se uma pessoa ganha R$ 3000,00 (três mil reais) de salário e outra pessoa ganha R$ 6000,00 (seis mil reais de salário) o senso comum nos diz que a pessoa que ganha seis mil é mais rica que a que ganha três mil. Mas se eu te disser que a pessoa que ganha seis mil gasta R$ 6500,00 (seis mil e quinhentos reais) usando o limite do cheque especial e que a pessoa que ganha três mil gasta, ao final do mês, R$ 2995,00 (dois mil novecentos e noventa e cinco reais), sobrando para ela R$ 5,00 (cinco reais). Usando a nossa fórmula temos: Para a pessoa que ganha três mil - $R1=(3000/t)*1$; $R1=3000/t$. Para a pessoa que ganha seis mil – $R2=(6000/t)*0,25$; $R2=1500/t$. Calculando a razão $R1/R2$ temos: $(3000/t)/(1500/t)$; $R1/R2=2$, logo a pessoa que ganha três mil é duas vezes mais rica que a pessoa que ganha seis mil reais. Implementando um pouco mais as nossas contas, imagine que a pessoa que ganha três mil trabalhe em um emprego durante 6 (seis) horas por dia e cinco dias por semana e que a pessoa que ganha seis mil trabalhe 8 (oito) horas por dia, cinco dias por semana, então:

$R1=3000/6=500$ e $R2=1500/8=187,50$. Agora a nova razão é: $R1/R2=500/187,50$; logo $R1/R2= 2,67$. Portanto a pessoa que ganha 'apenas' três mil e 2,67 vezes mais rica que a pessoa que ganha seis mil. Poxa que revelação: é possível ser mais rico que outra pessoa ganhando menos do que ela? Sim é possível, pois o senso comum leva em consideração apenas a quantidade de dinheiro que a pessoa ganha e não o conceito de riqueza financeira e tão pouco o conceito abrangente de riqueza que é **a abundância da vida, é ser abundante em dinheiro, bens, saúde, tempo, amor e paz de espírito.**

NOSSA RELAÇÃO COM O DINHEIRO

O livro **Pai Rico, Pai Pobre** de Robert Kiyosaki é uma leitura obrigatória, deveria ser o livro de cabeceira de quem quer estudar finanças, pois ele é um marco e um divisor de águas na vida financeira de qualquer um, o que recomendo é que você leia o livro o mais rápido possível. Este livro tem uma linguagem muito simples que lhe ensinará o básico de como o dinheiro funciona. Basicamente existem quatro paradigmas de dinheiro, que são listados abaixo:

1) Conseguir dinheiro;
2) Ganhar dinheiro;
3) Fazer dinheiro;
4) Investir dinheiro.

Paradigma n.º 1 – Conseguir Dinheiro

Esse é o modelo mais básico e o aprendemos quando somos crianças. Você quer comprar algo, então vai até seu pai ou sua mãe, pede dinheiro e ele(a) lhe dá. Você consegue o dinheiro de forma fácil e imediata. O problema é que muitas pessoas vivem nesse paradigma mesmo depois de adultos. Quando querem comprar algo, simplesmente pedem um empréstimo ao banco, fazem um financiamento ou se desfazem de ativos por preços bem abaixo do mercado para conseguir o dinheiro imediatamente. **Quem vive baseado nesse modelo, nunca acumulará riqueza e provavelmente terá muitos problemas com dívidas.**

Paradigma n.º 2 – Ganhar Dinheiro

Este é o modelo que a maioria das pessoas vive, pois é como os empregados e autônomos lidam com o dinheiro. Neste paradigma, você aprende que é possível trocar seu tempo e esforço por dinheiro. E assim faz diariamente, dedicando seu tempo e esforço ao trabalho e recebendo dinheiro no final do mês. Em outras palavras, você ganha dinheiro em troca do seu tempo. Com um pouco de educação financeira, é possível se manter longe das dívidas. **Quem vive nesse modelo dificilmente conseguirá acumular riqueza se permanecer apenas neste paradigma.**

Paradigma n.º 3 – Fazer Dinheiro

O paradigma de fazer dinheiro geralmente está ligado a um negócio próprio. Apesar de você trabalhar no negócio ('gasta' tempo e esforço nele), você também compra o tempo de outras pessoas, que por sua vez, geram mais dinheiro do que você gasta com elas. Em outras palavras, o resultado financeiro gerado pelo seu negócio é superior aos gastos com salários dos funcionários e demais despesas. **É fácil entender que se trata de uma forma mais eficiente e inteligente de lidar com o dinheiro.**

Paradigma n.º 4 – Investir Dinheiro

Este é o melhor paradigma existente e que poucas pessoas sabem como funciona. Apesar de ouvirem falar diariamente sobre investimentos, elas pensam que entendem, mas não colocam em prática. Este paradigma funciona da seguinte maneira:

Você usa seu dinheiro para adquirir ativos;

Estes ativos se valorizam e, muitas vezes, geram uma renda passiva mensal;

Você praticamente não precisa gastar seu tempo e esforço com estes ativos.

Um exemplo bem claro é o investimento em ações. Quando bem escolhida, uma ação se valoriza e ainda gera dividendos para você. Outro exemplo muito comum é um investimento em imóveis (para aluguel). Quando comprado de maneira inteligente, este imóvel tende a se valorizar e ainda gera retorno financeiro mensal através do aluguel. No final das contas, se você investe em qualquer ativo que se valoriza ao longo do tempo e gera renda passiva, você está neste paradigma. **Se você observar, qualquer pessoa que consegue acumular riqueza tem sua vida financeira voltada para aquisição de ativos.** Por último a técnica que comprovadamente enriquece todos aqueles que adquirem ativos é a alocação de ativos.

CAPÍTULO 2 – TRAVAS MENTAIS

Travas mentais são crenças limitantes que nos impedem de alcançar o nosso objetivo, em qualquer área da nossa vida. Não são fatores físicos, ambientais, temporais ou sazonais, estas travas são puramente psicológicas, mas tem poder de nos limitar maior do que fatores físicos, ambientais, temporais ou sazonais. Podem ser causadas por traumas na infância ou ser transmitidas de pai para filho por herança cultural. As travas mentais são tão dominantes em nossas vidas porque elas têm um único objetivo de ser: perpetuar e se afirmar. Toda vez que temos uma trava mental, nosso inconsciente age de forma a nos autossabotar e reforçar a crença na trava mental, assim ela se perpetua por toda a nossa vida e até a passamos para os nossos descendentes. Porém quando se tem consciência da existência dessas travas mentais e investigamos a fundo suas raízes, podemos tratá-las e sermos libertos. Nesse capítulo falarei de travas mentais com relação ao dinheiro que nos impedem de termos uma vida financeira saudável e feliz.

É mais fácil um camelo passar pelo fundo de agulha que um rico entrar no Reino dos Céus:

Essa talvez seja a trava mental mais limitante para os cristãos porque é uma passagem da Bíblia (Lucas 18:25 Bíblia NVI) e nenhum cristão que conheço quer deixar de ir para o céu, ou simplesmente ir para o inferno. Para entendermos essa passagem temos que contextualizá-la. Na época em que Jesus esteve na Terra a cidade de Jerusalém era fortificada e totalmente cercada por muros, conforme a grande maioria das cidades da região naquele tempo. Acontece que os portões da cidade eram fechados assim que anoitecia e ninguém mais podia entrar por eles até o outro dia pela manhã. Porém nesses muros havia uma porta chamada Fundo de Agulha, que era uma porta feita para camelos passarem, assim toda caravana de camelos que quisessem pernoitar na cidade teriam que fazer seus camelos passarem pelo Fundo de Agulha. Para um camelo passar nesse Fundo de Agulha o mesmo tinha que passar ajoelhado e sem carga. Para um camelo andar ajoelhado não é uma tarefa muito difícil e a simbologia dessa passagem com a nossa vida é que para entrarmos no Reino dos Céus temos que fazer como um camelo que passa pelo Fundo de Agulha, ou seja, ajoelhado, quer dizer com humildade e sem carga, o que significa que você não vai entrar no Reino dos Céus levando carga material nenhuma. Caixão não tem gaveta, tudo o que você possui você vai deixar aqui quando morrer. Na verdade você não possui verdadeiramente as coisas, você está administrando os bens de Deus. Esse é o verdadeiro sentido da passagem. Ser simplesmente rico não vai impedir que você entre nos Céu, tampouco o dinheiro o ajudará a entrar lá também. O que Jesus quis dizer que para você entrar no Reino dos Céus você tem que ser humilde como ele e confiar em Deus e não confiar no dinheiro, pois isso sim é verdade, o dinheiro não poderá lhe salvar, pois para passar no fundo de agulha você deverá deixá-lo para trás. Aí está a grande lição dessa história, pois as pessoas que tem muito dinheiro tendem a confiar somente no seu dinheiro e Jesus diz claramente que essa confiança cega no dinheiro não pode levar ninguém para o céu. A conclusão que chegamos é que simplesmente ser rico, ou ter dinheiro, não é um fator determinante que o levará para o inferno. O dinheiro por si só é uma ferramenta neutra, ele não é bom e nem ruim.

Prefiro ser pobre e honesto a ser rico e desonesto:

Esta também é uma trava mental muito conhecida e extremamente limitante. Geralmente a absorvemos quando na nossa infância ouvimos os nossos pais, tios ou outros parentes próximos dizendo: Prefiro ser pobre e honesto a ser rico e desonesto. Acontece que quando somos crianças não temos como contra argumentar nada, devido à falta de experiência, então absorvemos praticamente tudo que nos dizem. Hoje já adulto você pode parar para pensar e perceber que você conhece pessoas que são pobres e honestas, pessoas que são ricas e honestas, pessoas que são pobres e desonestas e pessoas que são ricas e desonestas e que pobreza, riqueza, honestidade e desonestidade não tem correlação entre si, porém volto a repetir, naquela época você não tinha condições de contra argumentar com um adulto sobre essa frase e dizer que ela não faz sentido, pois, essas coisas não tem relação de causa e efeito uma em relação à outra, você simplesmente absorveu e criou uma trava mental com relação ao dinheiro. Toda vez que você ganha dinheiro essa trava mental, de forma inconsciente, arruma um jeito de lhe autossabotar afim de que você permaneça pobre e consequentemente "honesto" porque afinal de contas ninguém quer ser taxado de desonesto.

Dinheiro não traz felicidade:

Realmente dinheiro por si só não traz felicidade, o dinheiro é apenas uma das várias ferramentas que temos a nosso dispor. Felicidade é um estado de espírito, com nuances muito complexas, mas que podem ser administradas de forma sadia e eficaz, através da inteligência emocional, porém, infelizmente esse não é o tema do nosso livro. Mas o problema em relação a essa trava mental não é o que está explícito, Dinheiro não traz felicidade, mas sim a relação de silogismo implícita: Logo se eu tiver muito dinheiro serei infeliz. Como ninguém quer ser infeliz a vida inteira, essa trava mental arruma uma forma de nos deixar sempre pobres para continuarmos felizes.

Dinheiro é sujo:

Outra analogia do dinheiro com coisas impuras ou impróprias. A principal ideia dessa analogia é que o Dinheiro é conseguido de forma Suja, ou seja, através de trapaça, roubo e corrupção em detrimento a pessoas que conseguem seu dinheiro de forma honesta. É uma variação subliminar do **Prefiro e ser pobre e honesto a ser rico e honesto**.

Dinheiro não cresce em árvores:

Realmente dinheiro não é fruta e por isso não cresce em árvores, mas o sentido dessa trava mental é dizer para quem pretende ganhar dinheiro que conseguir dinheiro é muito difícil, não é uma coisa que está disponível na natureza. Então quando a pessoa começa a ganhar dinheiro, sem o esforço colossal que ela subconscientemente acha que tem que fazer, ela começa a se autossabotar e a perder o dinheiro através do descontrole das suas contas pessoais.

Ganhar dinheiro é difícil:

Essa trava mental é uma das mais limitantes, acredito estar entre as três primeiras travas que impedem as pessoas de ganhar dinheiro juntamente com as travas Prefiro ser pobre e honesto a ser rico e desonesto e É mais fácil um camelo passar pelo fundo de agulha que um rico entrar no reino dos céus. Ganhar dinheiro, assim como respirar, se alimentar, andar, vestir-se, deve ser algo natural em nossas vidas e não uma coisa traumática ou quase impossível de se conseguir. Uma forma de se lidar com essa trava é não ficar o tempo todo focado em como ganhar dinheiro, mas sim relaxe com relação a isso, invista em você, trabalhe as suas travas, trabalhe e deixe que o dinheiro flua de forma naturalmente até sua conta bancária.

Dinheiro não é importante:

Dinheiro é importante sim, ele só não é o fundamental. O Fundamental é o amor, a família, a saúde, os amigos e os relacionamentos. Viver sem dinheiro é possível, mas torna as coisas muito mais difíceis. Devemos usar o dinheiro como ferramenta. Ele serve para comprarmos alimentos, roupas, para morarmos sob um teto, para nos locomovermos, termos momentos de lazer e principalmente para ajudar e abençoar as pessoas. As pessoas costumam a usar essa frase como uma resignação, uma justificativa para não se sentirem frustradas por não terem dinheiro, não conseguir comprar o que precisam e o que querem e dizem não se importar com o dinheiro porque o Dinheiro não é importante.

As minhas condições de vida me impedem de ganhar dinheiro:

Essa é outra frase de conformação, como se as condições em que você vive fossem determinantes para o seu sucesso econômico. Posso lhe afirmar sem sombra de dúvida que não são. O que é determinante para o seu sucesso econômico é o seu estado interior, a forma como você reage ao ambiente em que está e as atitudes que você toma em relação a isso. Se essa fosse a realidade as pessoas ricas só seriam ricas se nascessem ricas e não existiria pessoa alguma que fosse pobre e se tornasse rica. Citarei o exemplo de 11 pessoas que se tornaram bilionárias (nem todas as pessoas poderão se tornar bilionárias, mas você pode com certeza melhorar as suas condições financeiras até se tornar independente financeiramente) e que eram pobres durante a sua infância (reportagem na íntegra do Uol Economia):

SÃO PAULO - Algumas das pessoas mais ricas do mundo nem sempre ocuparam posições privilegiadas em rankings de fortunas. O site "Business Insider" listou algumas histórias de determinação de bilionários que venceram a origem humilde e se tornaram importantes personalidades, como a empresária e apresentadora Oprah Winfrey e o fundador da Oracle, Larry Ellison.

Confira abaixo quem são eles.

Howard Schultz, presidente da Starbucks
Patrimônio: US$ 2 bilhões
Em entrevista ao site "Mirror", Shchultz afirmou que cresceu em um conjunto habitacional. Sua vida começou a mudar quando ganhou uma bolsa de estudos na University of Northern Michigan e trabalhou em uma loja de Xerox após a graduação. Pouco tempo depois, ele assumiu a gerência da cafeteria Starbucks, que, na época, tinha apenas 60 lojas. Schultz tornou-se presidente da empresa em 1987, e expandiu a rede para mais de 16 mil pontos de vendas em todo o mundo.

Shahid Khan, empresário
Patrimônio: US$ 3,8 bilhões
Um dos homens mais ricos da atualidade passou por muitos contratempos quando deixou o Paquistão e foi para os Estados Unidos. Chegou a trabalhar como lavador de pratos enquanto frequentava a University of Illinois. Agora, Khan é dono da

fabricante de peças Flex-N-Gate, além da Jacksonville Jaguars, da NFL, e do clube de futebol Fulham FC.

Kirk Kerkorian, empresário
Patrimônio: US$ 3,9 bilhões
Para ajudar nas contas de casa, Kerkorian abandonou a escola na 8ª série (atual 9º ano) para se tornar boxeador. Ele também se juntou à Royal Air Force (Força Aérea Britânica) durante a 2ª Guerra Mundial. Só depois ele voltou seu interesse para a construção de muitos dos maiores resorts e hotéis de Las Vegas, nos Estados Unidos.

Oprah Winfrey, empresária e apresentadora de TV
Patrimônio: US$ 2,9 bilhões
De origem pobre, Oprah ganhou bolsa de estudos da Tennessee State University e tornou-se a primeira mulher negra a ser correspondente da TV norte-americana, com 19 anos. Em 1983, ela se mudou para Chicago para trabalhar em um talk show, que mais tarde levaria o nome da apresentadora: "The Oprah Winfrey Show".

John Paul DeJoria, co-fundador da John Paul Mitchell Systems e da Patron Tequila
Patrimônio: US$ 4 bilhões
Antes de completar 10 anos, DeJoria já vendia cartões de Natal e jornais para ajudar a família. Ele foi adotado e fez parte de uma gangue antes de entrar para as Forças Armadas. Sua vida começou a mudar quando recebeu um empréstimo de US$ 700 para criar sua

marca de cosméticos para cabelos, que vendia de porta em porta, enquanto vivia em seu carro.

Do Won Chang, fundador da Forever 21
Patrimônio: US$ 5 bilhões

Chang e sua esposa, Jin Sook, não tiveram uma mudança fácil da Coreia do Sul para os Estados Unidos, em 1981. Ele teve de trabalhar em três empregos ao mesmo tempo para cobrir as despesas: como faxineiro, frentista e atendente em uma loja de café. A sorte começou a mudar quando ele e sua esposa abriram a primeira loja de roupas em 1984.

Ralph Lauren, fundador da grife Ralph Lauren
Patrimônio: US$ 7,7 bilhões

Um dos mais importantes estilistas do século 20, Lauren já trabalhou como balconista na Brooks Brothers.

François Pinault, empresário
Patrimônio: US$ 15 bilhões

O dono do conglomerado de moda Kering já teve de sair da escola por sofrer intimidação de seus colegas por suas origens humildes, em 1974.

Leonardo Del Vecchio, fundador e presidente da Luxottica
Patrimônio: US$ 15 bilhões

Del Vecchio foi um dos cinco irmãos que foram encaminhados para um orfanato porque a mãe viúva não tinha condições financeiras de cuidar deles. Com o passar dos anos, ele trabalhou em uma fábrica de moldes de autopeças e de armações de óculos, até que, aos 23, Del Vecchio decidiu abrir a própria loja de fabricação de armações de óculos, a Luxottica, que viria a se tornar a maior do mundo.

George Soros, empresário
Patrimônio: US$ 20 bilhões
Um dos maiores homens de negócios do mundo sobreviveu à ocupação nazista da Hungria, ao fugir do país em que vivia em 1947, para Londres. Enquanto estudava na London School of Economics, trabalhou como garçom. Depois de se formar, Soros ainda passou por uma loja de souvenir antes de se tornar banqueiro em Nova York.

Larry Ellison, CEO e fundador da Oracle
Patrimônio: US$ 41 bilhões
Nascido no Brooklyn, em Nova York, Ellison foi criado por sua tia em Chicago. Depois que ela morreu, Ellison abandonou a faculdade e se mudou para a Califórnia, onde passou por diversos trabalhos temporários, por oito anos. Ele fundou a Oracle em 1977 e agora é o presidente mais bem pago do mundo.

Link: http://economia.uol.com.br/noticias/infomoney/2014/01/06/de-origem-humilde-a-riqueza-veja-11-bilionarios-que-eram-pobres-na-infancia.htm

O dinheiro é a raiz de todos os males:

Outra passagem bíblica muito limitante em nossas vidas, porém ela foi citada de forma equivocada. A passagem correta que o apóstolo Paulo escreveu é "o **AMOR** ao dinheiro é a raiz de todos os males (1 Timóteo 6:10 – Bíblia NVI)". O que Paulo quis dizer é que ao transformarmos o dinheiro em um deus, ao invés de usarmos ele como ferramenta, passamos a fazer qualquer coisa para conseguir esse dinheiro, nos tornamos pessoas inescrupulosas, justificamos ganhar o dinheiro por qualquer meio. Pelo AMOR ao dinheiro matamos, travamos guerras, roubamos, traficamos armas e drogas, exploramos trabalho escravo, prostituição, disseminamos ódio, discriminação e segregação. Por isso Paulo nos alerta que devemos ter o Senhor como Deus e o dinheiro como aquilo o que ele é uma ferramenta, e no caso da visão cristã deve ser usado para abençoar as outras pessoas.

Pessoas ricas são más:

Outra trava mental que não tem fundamento prático algum. Existem pessoas boas, existem pessoas más, existem pessoas ricas e existem pessoas pobres. Não há nenhuma evidência que exista uma correlação entre ser fico e mau, pobre e bom, rico e bom e pobre e mau. Ser uma pessoa boa ou má é uma questão de índole que nada tem a ver com sua condição financeira.

CAPÍTULO 3 – COMO GASTAR O DINHEIRO

CONVIVENDO COM O CARTÃO DE CRÉDITO

O cartão de crédito, sem dúvida alguma, é um dos maiores gargalos da economia pessoal. Eu diria que o cartão de crédito mal administrado é um buraco negro que suga todo a sua renda mensal. Porém não posso simplesmente dizer quebre seu cartão de crédito e viva feliz, pois este meio de pagamento já se enraizou em nosso sistema financeira sendo, em alguns casos, a principal forma de pagamento, superando em muito a moeda corrente em forma de papel moeda. Logo é muito improvável que você não tenha um cartão de crédito. Abaixo algumas dicas de como usar essa forma de pagamento de maneira racional e otimizada.

1) Independente do limite do seu cartão de crédito comprometa no máximo 10% (dez por cento) da sua renda com o cartão. Ou seja, a fatura do seu cartão de crédito não deve superar 10% (dez por cento) da sua renda mensal.

2) Não faça parcelamentos em número maior ao número de meses restantes para o final do ano. Tenha em mente começar um novo ano sem parcelamentos a pagar no cartão de crédito. Se você está no mês de Janeiro, você deve parcelar qualquer compra em no Maximo 11 (onze)

vezes. Se estiver no mês de Fevereiro suas parcelas devem ser no máximo em 10 (dez) vezes. Se em Julho, no máximo 05 (cinco) vezes e assim por diante.

3) Nunca em hipótese alguma utilize o limite do cartão de crédito como empréstimo pessoal em momentos de dificuldades. Em um caso de muita necessidade procure um empréstimo com juros menores, pois os juros do cartão de crédito podem chegar a 13% a.m. (treze por cento ao mês). Ou seja, você não tem dinheiro e está adquirindo um crédito com juros muito alto. Isso é praticamente um suicídio financeiro.

TÉCNICA DSOP

DSOP é uma filosofia e uma metodologia de educação financeira. A DSOP Educação Financeira é uma organização dedicada à disseminação da educação financeira no Brasil e no mundo, por meio da aplicação da Metodologia DSOP, criada pelo educador e terapeuta financeiro Reinaldo Domingos. Saiba mais em http://www.dsop.com.br/institucional/dsop-educacao-financeira/metodologia-dsop. A sigla DSOP são as iniciais de Diagnosticar, Sonhar, Orçar e Poupar. Nesse livro focaremos apenas na técnica para aplicar a metodologia no nosso dia-a-dia. A primeira técnica que aprenderemos é como **DIAGNOSTICAR**.

DIAGNOSTICAR

Nessa fase anotaremos todos os gastos do dia-a-dia, durante 03 meses.

O QUE NÃO SERÁ FEITO: Economizar, reduzir despesas, criar metas, poupar, investir, planejar o orçamento. O objetivo desse diagnóstico é descobrir o seu estilo de vida financeiramente falando.

QUANDO NÃO SERÁ FEITO: Não devemos aplicar essa técnica em meses como Janeiro, por causa da volta às aulas, Fevereiro e Março, por causa do carnaval, Julho, por causa das férias escolares e nem em Dezembro, por causa do Natal, pois nesses meses o gasto financeiro costuma aumentar muito acima da média. Vamos fazer tal levantamento nos meses médios, "meses comuns" da sua vida, de modo a evitar quaisquer distorções no seu estilo de vida financeiro. A exceção a esta regra se dá se você conseguir fielmente separar as despesas que são do seu estilo de vida das despesas sazonais. O meu conselho é que evite esses meses.

COMO SERÁ FEITO:

Técnica Bloco de Notas – Planilha eletrônica. Nessa técnica carregaremos no bolso um pequeno bloco de notas e uma caneta e toda vez que tivermos uma despesa financeira (pagar uma conta, comprar um produto ou serviço, despesas com alimentação, vestuário e transporte ou qualquer outra coisa que "tire dinheiro" do seu bolso) anotamos no bloco de notas. Uma vez por semana transcreveremos as anotações do bloco de notas na planilha eletrônica (arquivo .ods do LibreOffice por exemplo).

Técnica do recibo - Planilha eletrônica. Nessa técnica a pessoa usa majoritariamente o cartão de débito e guarda todos os recibos de suas compras, nesse caso não é necessário anotar em um bloco de notas as despesas. Semanalmente os valores dos recibos deverão ser lançados na planilha eletrônica.

Técnica do aplicativo do celular. Se você possui um smartphone é possível você baixar um aplicativo de gestão financeira. Escolha um aplicativo que você mais gostar, entretanto esse aplicativo deverá ser capaz de enviar uma planilha eletrônica dos seus gastos para seu email. Para usuários do sistema operacional Android o aplicativo Gerenciador Financeiro GFP, por exemplo, atende aos propósitos dessa etapa da técnica DSOP.

A planilha financeira deve ser organizada de tal forma que organize as despesas financeiras por categorias, como por exemplo: alimentação, aluguel, bens, contas, educação, cartão de crédito, gastos pessoais, higiene pessoal, pagamento de dívidas, lazer, previdência, roupas, reparos na moradia, saúde, transporte, etc. Isso ajudará e muito na quarta fase da técnica que é POUPAR.

SONHAR

Um passo muito importante para realizarmos os nossos objetivos financeiros é sonhar. Estamos falando de sonhos financeiros, aqueles que podemos realizar com dinheiro. **É impossível você economizar dinheiro em longo prazo se esta economia não estiver vinculada a um sonho financeiro.** Sem o sonho nós perdemos o foco, a visão e o ânimo de economizar. Você pode sonhar com coisas do tipo: "Quero ter um dinheiro mensal quando me aposentar, daqui a 30 anos, independente de qualquer coisa"; "Quero viajar para aquele lugar paradisíaco daqui a dois anos"; "Quero comprar o carro dos meus sonhos daqui a três anos"; "Quero comprar, à vista, o meu primeiro apartamento, daqui a 15 anos"; "Quero ter uma poupança de emergência no valor de 10 salários que recebo hoje, daqui a 03 anos". Não faz sentido algum economizar dinheiro por economizar, juntar por juntar. Além de não ter sentido essa economia não lhe servirá para nada e no primeiro soprar dos ventos ela se dissipará, acredite, falo isso por experiência própria. :)

É exatamente por isso que sonhar é tão importante para a nossa vida financeira. Somos movidos por sonhos, em todas as áreas da nossa vida e não é diferente na área financeira.

Porém esses sonhos os quais estou falando são sonhos realizáveis, com prazos específicos, exceto pelo caso da poupança de emergência, não vamos pensar em valores nesse momento, só vamos pensar nos sonhos e nos prazos que queremos realizá-los.

Agora vamos fazer um exercício: vamos criar uma lista com os nossos 10 principais sonhos financeiros e os prazos (quantidade de dias, meses ou anos) que esperamos concretizá-los. Faça uma pausa nessa leitura e **pegue papel e caneta e enumere os seus 10 principais sonhos financeiros, ok?**

Pronto, agora vamos pegar outro papel, ou uma área livre no papel que você listou seus 10 sonhos financeiros e vamos criar 3 colunas: **Curto, Médio e Longo prazo.** Agora na coluna de curto prazo vamos escrever os sonhos financeiros que levam de 1 a 90 dias para serem concretizados. Na coluna de médio prazo vamos escrever os sonhos financeiros que levam de 3 meses a 24 meses para serem concretizados. Por último escreveremos na coluna longo prazo os sonhos que levam mais de 2 anos para serem concretizados. Pronto você acabou de implementar e registrar a técnica DSOP do sonho. Guarde esse papel em um lugar especial e, por favor, não o perca, pois, usaremos ele na próxima técnica: Orçar.

ORÇAR

Nessa fase faremos uma coleta de preços do sonho financeiro que queremos adquirir e levando em consideração o tempo que desejamos gastar para adquirir (curto, médio ou longo prazo) vamos definir o valor da "prestação" que devemos economizar para conseguir comprar o nosso sonho financeiro à vista.

<u>Como será feito</u>

Trago aqui um exemplo prático e real. Eu queria adquirir uma câmera fotográfica em três meses então usei a técnica DSOP e na fase do orçamento levantei cinco preços da mesma câmera em sites de lojas diversos e organizei os preços na tabela abaixo:

| Produto | Vendedor | Preço |

Câmera Digital X	Loja A	R$ 650,00
	Loja B	R$ 732,00
	Loja C	R$ 749,00
	Loja D	R$ 791,00
	Loja E	R$ 854,00

A próxima etapa é fazer uma média aritmética (MA) excluindo o maior e o menor preço. No exemplo acima o cálculo foi: MA = (732+749+791) / 3 = 757, 33.

Logo o valor que eu deveria ter ao final dos três meses era de R$ 757,33 (setecentos e cinquenta e sete reais e trinta e três centavos). Em seguida dividimos o valor da média aritmética pelo nosso prazo estabelecido, que no caso foi de 03 meses, então: Parcela = MA/3= 757,33 / 3 = 252, 44; ou seja eu deveria economizar R$ 252, 44 (duzentos e cinquenta e dois reais e quarenta e quatro centavos) por mês para que no prazo de três meses eu pudesse comprar a minha câmera. Foi exatamente isso que fiz. Como esse sonho era um sonho de curto prazo eu fui juntando o valor da "prestação" na minha conta poupança mesmo, uma vez que ela tem alta liquidez e percas financeiras insignificantes dentro deste tempo. Uma última dica: para sonhos financeiros de prazo maior (médio e longo prazos) juntar o valor da "prestação" na poupança é um péssimo negócio, pois ao longo dos anos a poupança não consegue manter um ganho real acima da inflação (como aconteceu em 2013 cujos rendimentos da poupança foram inferiores ao valor da inflação medida pelo índice IPCA) e assim ao invés de você estar juntando dinheiro e caminhando para a realização de seus objetivos financeiros você está perdendo o seu patrimônio. Para cada sonho financeiro e para cada prazo estabelecido existe uma aplicação financeira que melhor se adapta às nossas necessidades financeiras.

POUPAR

Agora que diagnosticamos nosso estilo de vida, sonhamos os nossos objetivos financeiros, orçamos o quanto custa esses nossos objetivos e em quanto tempo queremos realizá-los chegou a hora da última etapa da técnica DSOP – POUPAR. Basicamente citarei três técnicas de como poupar dinheiro, as quais serão explicadas mais a fundo no capítulo 4, são elas:

1) Cortar despesas

Nessa técnica para poupar dinheiro nós eliminamos gastos supérfluos ou desnecessários, como por exemplo, assinatura de revistas e jornais os quais muito frequentemente nem lemos.

2) Reduzir custos

Nessa técnica para poupar dinheiro nós reduzimos os custos com gastos necessários através da redução do consumo e da substituição de marcas.

3) Ganhar mais

Nessa técnica ao invés de centralizar forças para cortas despesas e reduzir custos nós direcionamos nossos esforços para aumentar a nossa renda como no caso de ganhar dinheiro com um hobby, um trabalho temporário e até mesmo um "bico".

Agora que você aprendeu a poupar o dinheiro com a finalidade de gastar menos do que ganha vou ensinar para você o MÉTODO PARA ECONOMIZAR DINHEIRO que eu uso.

Para este método vamos usar as seguintes Ferramentas:

1) Caneta e papel
2) Conta corrente
3) Conta poupança (do mesmo banco da conta corrente)

Colocando em prática

Utilize o papel e a caneta para definir o seu objetivo financeiro (Porque você está economizando dinheiro?)
Defina um prazo (Por quanto tempo vou juntar essa quantia ?)
Defina a quantia (Se for um bem a quantia será o valor médio desse bem dividido pelo prazo estabelecido)
Verifique se essa economia é realizável (Poucas pessoas conseguem economizar 60% de tudo o que ganham, logo essa meta não é muito realística, uma meta mais real é economizar em torno de 10% do que você ganha).

Utilizando o internet banking do seu banco ou caixa eletrônico agende as transferências mensais, da sua conta corrente para a conta poupança, no valor que você calculou anteriormente, sempre na mesma data que é creditada a quantia que você ganha ou quando você deposita o dinheiro. O segredo da técnica é retirar o dinheiro a ser economizado antes de qualquer outra despesa, porque se você esperar "sobrar" dinheiro para economizar depois você simplesmente não vai economizar (lembra-se da autossabotagem?). Quem ganha pouco consegue viver com 100% do que ganha e com 90% do que ganha (10% de pouco é pouco).

Figura 2 - Tela do Internet Banking com as transferências já agendadas

Exemplo: Uma pessoa pretende comprar um carro popular em cinco anos

Primeiro passo: definir a quantia a ser economizada = Valor do carro / 5 anos, ou seja, Valor do Carro / 60 meses.

Carro popular = 38073,00/ 60 = 634,55

Transferências agendadas: 12 primeiras = R$ 634,55

Próximas parcelas = R$ 634,55 + Inflação do ano anterior.

Depois que economizou, comprou o bem, pare de economizar para esse fim específico. Pronto você aprendeu a Poupar!

TÉCNICA DA MÃO

Esta é uma técnica mais radical que eu usei no começo da minha jornada financeira que consiste em comparar o seu orçamento a uma mão aberta: a palma da mão representa 50% de tudo o que você ganha e cada dedo representa 10% de tudo o que você ganha, totalizando os 100% do valor que você recebe (valor líquido ou o dinheiro realmente disponível para se gastar). Aplicamos a técnica da seguinte forma: a palma da mão usamos para as despesas de custeio mensal como alimentação, transporte, água, luz, telefone, escola, vestuário etc e cada dedo definimos um objetivo específico como no caso da tabela abaixo:

Parte da mão	Objetivo
Palma	Custeio mensal
Polegar	Poupança de emergência

Indicador	Casa própria
Médio	Aposentadoria
Anular	Caridade
Mínimo	Investimentos

Tabela 1: Exemplo de uso da técnica da mão

A TÉCNICA QUE EU USO

Até agora você foi preparado para o que eu chamo de a "técnica de ouro", a forma mais simples e fácil de ter liberdade financeira. Você não vai precisar ficar anotando tudo o que gasta e nem ficar fazendo cálculos todos os meses. Para implementar essa técnica você precisa de uma simples planilha em um programa como o Calc ou equivalente, no qual você irá programar os percentuais que você dedicará para cada área da sua vida, independente de quanto você ganha, e de uma forma automatizada de separar esses percentuais (acredito que você já deve ter pensado em algumas a essa altura). Então, a técnica é a seguinte:

Percentual	Objetivo
60%	Custeio mensal
10%	Poupança de emergência
10%	Doar
10%	Investir
5%	Autopagamento

5%	Abundar

Tabela 2: Exemplo de uso da técnica de ouro

O que preciso explicar são dois novos conceitos: o autopagamento e o abundar. Autopagamento significa que você vai se pagar um salário como recompensa pelo seu esforço e criatividade. Afinal de contas, você paga todo mundo, desde a internet ao dentista, porque não se pagar?

Abundar significa desenvolver um mindset de prosperidade, ou seja, esse dinheiro você vai poder gastar com o que quiser e isso vai mandar uma mensagem para o seu subconsciente que existe abundância de recursos e que esse mundo é real para você. Agora se você está achando que esses termos parecem muito com o que o educador financeiro Paulo Vieira <http://cursocriacaoderiqueza.com/> fala, você tem razão! Essa técnica aprendi com ele e é a que eu uso hoje e vou usar para sempre!

CAPÍTULO 4 – APRENDA ECONOMIZAR DINHEIRO

POR QUE ECONOMIZAR?

Economizar dinheiro é extremamente necessário, existem vários motivos para isso, mas eu vou lhe dar apenas dois:

1) Vou lhe contar uma pequena história. Imagine que você tivesse uma casa. Como toda casa normal essa também tem a parte hidráulica, mas sua casa tem um detalhe curioso: ela não tem caixa

d'água. Isso para você nunca foi um problema porque todas as vezes que você tinha sede e abria a torneira tinha água para beber. Um dia, porém, uma grande adutora da companhia de abastecimento se rompeu o todo o fornecimento de água foi interrompido. O reparo da adutora demoraria vários dias. Você não sabia da notícia e no dia mais quente do ano você chega em casa morrendo de sede e ao abrir a torneira você descobre que não tem água. Então o desespero bate à sua porta e você tem basicamente três opções: a primeira é literalmente morrer de sede; a segunda é ir à padaria ou supermercado e comprar água e a terceira é pedir água ao seu vizinho cuja casa tinha uma caixa d'água. Você agora provavelmente estaria pensando: eu devia ter colocado uma caixa d'água lá em casa enquanto eu podia. Quando falta água da companhia de abastecimento quem sustenta a casa é a caixa d'água. A caixa d'água pode até secar quando ficamos vários dias sem água, mas isso é por pouco tempo, quando o abastecimento normal é restabelecido, o natural da caixa d'água é manter-se cheia. Assim também é com o dinheiro. O dinheiro é como a água e a caixa d'água é como a reserva financeira que você faz, mensalmente ao menos, ao longo dos anos.

Imagine um cenário em que você acordasse um dia pela manhã e descobrisse que todas suas fontes de renda se esgotaram: Você foi demitido do seu emprego, não vão pagar o seu seguro desemprego, os imóveis que você tinha alugado foram desocupados, ninguém está comprando imóveis devido a uma crise imobiliária, seu veículo foi roubado e a seguradora faliu, sua empresa está com o cofre vazio, as ações que você investia perderam totalmente seus valores de mercado...o dia do caos financeiro chegou em sua vida. Então as perguntas que o farão refletir sobre a necessidade de se economizar dinheiro: Você tem algum dinheiro guardado? Se sim por quanto tempo você sobreviveria com esse dinheiro sem mudar o seu padrão de vida? O primeiro motivo pelo qual devemos economizar dinheiro é para ter uma **RESERVA DE EMERGÊNCIA** em tempos difíceis.

Mas você poderia pensar: Eu posso pegar empréstimo ou usar o limite do cartão de crédito até essa crise ou esse momento ruim passar, correto? Errado, muito errado! Em tempos de crise a oferta de crédito é pequena e os juros são altíssimos. O que garante que posteriormente você vai ter dinheiro para pagar os empréstimos? Não podemos ignorar o efeito cumulativo de juros compostos, o famoso juros sobre juros, que cria o que conhecemos no Brasil por "bola de neve" e que transforma uma dívida aparentemente pequena em um monstro impagável. Nesse cenário caótico só sobreviverá e poderá se recuperar da crise quem fez a sua reserva de emergência e a gastou com bom senso. Quem conseguir passar pela crise sem acumular dívidas estará anos luz na frente das demais pessoas para investir seu dinheiro no momento de recuperação da economia. Se você não tem uma reserva de emergência pense seriamente em criar uma a partir de hoje. Mais adiante neste livro vou explicar uma forma simples e prática de se fazer uma reserva de emergência e qual é a proporção ideal entre o valor que você ganha e o valor que você tem acumulado na reserva de emergência. **TER UMA RESERVA DE EMERGÊNCIA É UM ÍTEM OBRIGATÓRIO PARA QUEM QUER TER SUCESSO FINANCEIRO.**

2) Você já pensou em adquirir um bem de grande monta e pensou em parcelas de 100, 120 ou 240 meses? Por acaso você já calculou os juros e outras taxas embutidas no financiamento? Se você não pensou nisso até agora recomendo seriamente a pensar e comprar uma calculadora, pois, o valor agregado à prestação (juros + taxas), em alguns casos supera em duas vezes o valor do bem a ser adquirido, ou seja, ao terminar a prestação, você desembolsou uma quantia de dinheiro que compraria três vezes o seu bem. Então o segundo motivo para economizar dinheiro é: **FUJA DOS JUROS DO FINANCIAMENTO.** E se eu lhe dissesse que se você economizasse por algum tempo, poderia comprar esse mesmo bem na metade do prazo e por um terço do valor que seria pago? Abaixo vamos brincar com alguns números e fazer umas simulações.

Os valores que listo agora foram simulados no programa simulador habitacional da Caixa Econômica Federal (que tem os menores juros do mercado para financiamento habitacional) que está disponível em:

http://www8.caixa.gov.br/siopiinternet/simulaOperacaoInternet.do?method=inicializarCasoUso

com os seguintes parâmetros: Valor do imóvel – R$ 250.000,00; número de parcelas – 240; valor da entrada – R$ 126.322,17;

Município – Belo Horizonte / MG; imóvel novo, pessoa física. O mais importante: **o valor financiado é R$ 123.677,83.**

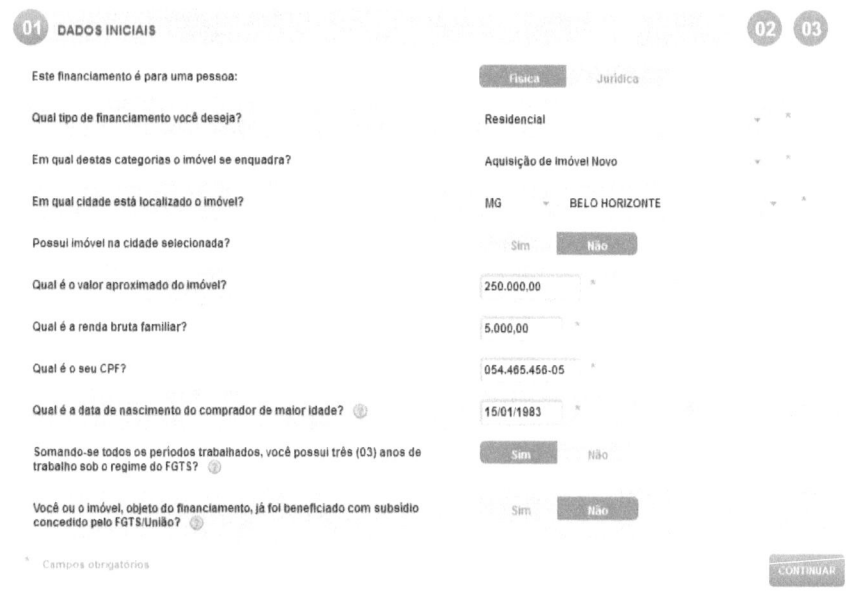

Figura 3: Simulação financiamento site CEF

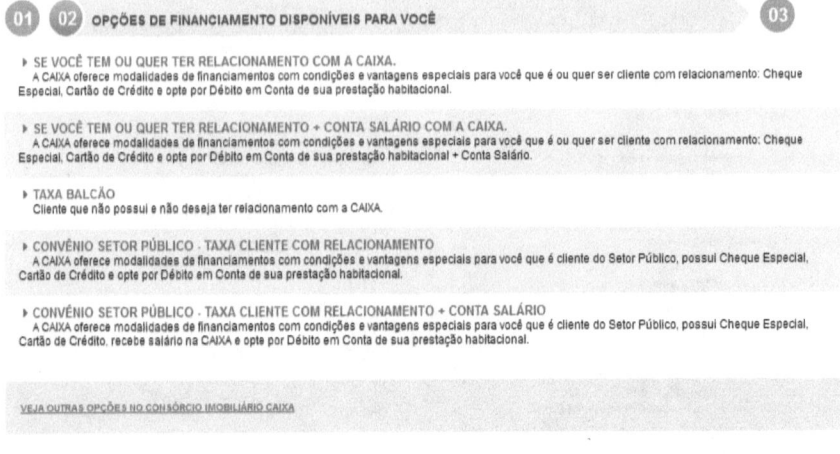

Figura 4 – Opções de financiamento

Nesse exemplo escolhemos a primeira opção de financiamento para pessoas que já tem ou querem ter um relacionamento com a CEF. Assim a simulação ficou:

Obs.: Os valores e taxas podem variar dependendo da época que você está lendo este e-book, mas o conceito é o mesmo.

Nº	Vencimento	Prestação	Seguro/FGHAB	Tarifas	Encargo	Saldo Devedor
1	23/07/2014	R$ 1.382,87	R$ 41,42	R$ 25,00	R$ 1.449,29	**R$ 123.162,51**
2	23/08/2014	R$ 1.379,25	R$ 41,33	R$ 25,00	R$ 1.445,58	**R$ 122.647,19**
3	23/09/2014	R$ 1.375,64	R$ 41,24	R$ 25,00	R$ 1.441,88	**R$ 122.131,87**
4	23/10/2014	R$ 1.372,02	R$ 41,15	R$ 25,00	R$ 1.438,17	**R$ 121.616,55**
5	23/11/2014	R$ 1.368,41	R$ 41,06	R$ 25,00	R$ 1.434,47	**R$ 121.101,23**
6	23/12/2014	R$ 1.364,79	R$ 40,96	R$ 25,00	R$ 1.430,75	**R$ 120.585,91**
7	23/01/2015	R$ 1.361,18	R$ 40,87	R$ 25,00	R$ 1.427,05	**R$ 120.070,59**
8	23/02/2015	R$ 1.357,57	R$ 40,78	R$ 25,00	R$ 1.423,35	**R$ 119.555,27**
9	23/03/2015	R$ 1.353,95	R$ 40,69	R$ 25,00	R$ 1.419,64	**R$ 119.039,95**
10	23/04/2015	R$ 1.350,34	R$ 40,60	R$ 25,00	R$ 1.415,94	**R$ 118.524,63**

11	23/05/2015	R$ 1.346,72	R$ 40,51	R$ 25,00 R$ 1.412,23	R$ 118.009,31
12	23/06/2015	R$ 1.343,11	R$ 40,41	R$ 25,00 R$ 1.408,52	R$ 117.493,99
13	23/07/2015	R$ 1.339,49	R$ 40,32	R$ 25,00 R$ 1.404,81	R$ 116.978,67
14	23/08/2015	R$ 1.335,88	R$ 40,23	R$ 25,00 R$ 1.401,11	R$ 116.463,35
15	23/09/2015	R$ 1.332,26	R$ 40,14	R$ 25,00 R$ 1.397,40	R$ 115.948,03
16	23/10/2015	R$ 1.328,65	R$ 40,05	R$ 25,00 R$ 1.393,70	R$ 115.432,71
17	23/11/2015	R$ 1.325,03	R$ 39,96	R$ 25,00 R$ 1.389,99	R$ 114.917,39
18	23/12/2015	R$ 1.321,42	R$ 39,86	R$ 25,00 R$ 1.386,28	R$ 114.402,07
19	23/01/2016	R$ 1.317,80	R$ 39,77	R$ 25,00 R$ 1.382,57	R$ 113.886,75
20	23/02/2016	R$ 1.314,19	R$ 39,68	R$ 25,00 R$ 1.378,87	R$ 113.371,43
21	23/03/2016	R$ 1.310,57	R$ 39,59	R$ 25,00 R$ 1.375,16	R$ 112.856,11
22	23/04/2016	R$ 1.306,96	R$ 39,50	R$ 25,00 R$ 1.371,46	R$ 112.340,79
23	23/05/2016	R$ 1.303,34	R$ 39,40	R$ 25,00 R$ 1.367,74	R$ 111.825,47
24	23/06/2016	R$ 1.299,73	R$ 39,31	R$ 25,00 R$ 1.364,04	R$ 111.310,15
25	23/07/2016	R$ 1.296,11	R$ 39,22	R$ 25,00 R$ 1.360,33	R$ 110.794,83
26	23/08/2016	R$ 1.292,50	R$ 39,13	R$ 25,00 R$ 1.356,63	R$ 110.279,51
27	23/09/2016	R$ 1.288,88	R$ 39,04	R$ 25,00 R$ 1.352,92	R$ 109.764,19
28	23/10/2016	R$ 1.285,27	R$ 38,95	R$ 25,00 R$ 1.349,22	R$ 109.248,87
29	23/11/2016	R$ 1.281,66	R$ 38,85	R$ 25,00 R$ 1.345,51	R$ 108.733,55
30	23/12/2016	R$ 1.278,04	R$ 38,76	R$ 25,00 R$ 1.341,80	R$ 108.218,23
31	23/01/2017	R$ 1.274,43	R$ 38,67	R$ 25,00 R$ 1.338,10	R$ 107.702,91
32	23/02/2017	R$ 1.270,81	R$ 38,58	R$ 25,00 R$ 1.334,39	R$ 107.187,59
33	23/03/2017	R$ 1.267,20	R$ 38,49	R$ 25,00 R$ 1.330,69	R$ 106.672,27
34	23/04/2017	R$ 1.263,58	R$ 38,40	R$ 25,00 R$ 1.326,98	R$ 106.156,95
35	23/05/2017	R$ 1.259,97	R$ 38,30	R$ 25,00 R$ 1.323,27	R$ 105.641,63
36	23/06/2017	R$ 1.256,35	R$ 38,21	R$ 25,00 R$ 1.319,56	R$ 105.126,31
37	23/07/2017	R$ 1.252,74	R$ 38,12	R$ 25,00 R$ 1.315,86	R$ 104.610,99
38	23/08/2017	R$ 1.249,12	R$ 38,03	R$ 25,00 R$ 1.312,15	R$ 104.095,67
39	23/09/2017	R$ 1.245,51	R$ 37,94	R$ 25,00 R$ 1.308,45	R$ 103.580,35
40	23/10/2017	R$ 1.241,89	R$ 37,85	R$ 25,00 R$ 1.304,74	R$ 103.065,03
41	23/11/2017	R$ 1.238,28	R$ 37,75	R$ 25,00 R$ 1.301,03	R$ 102.549,71
42	23/12/2017	R$ 1.234,66	R$ 37,66	R$ 25,00 R$ 1.297,32	R$ 102.034,39
43	23/01/2018	R$ 1.231,05	R$ 37,57	R$ 25,00 R$ 1.293,62	R$ 101.519,07
44	23/02/2018	R$ 1.227,43	R$ 37,48	R$ 25,00 R$ 1.289,91	R$ 101.003,75
45	23/03/2018	R$ 1.223,82	R$ 37,39	R$ 25,00 R$ 1.286,21	R$ 100.488,43
46	23/04/2018	R$ 1.220,20	R$ 37,30	R$ 25,00 R$ 1.282,50	R$ 99.973,11
47	23/05/2018	R$ 1.216,59	R$ 37,20	R$ 25,00 R$ 1.278,79	R$ 99.457,79
48	23/06/2018	R$ 1.212,98	R$ 37,11	R$ 25,00 R$ 1.275,09	R$ 98.942,47
49	23/07/2018	R$ 1.209,36	R$ 37,02	R$ 25,00 R$ 1.271,38	R$ 98.427,15

#	Data					
50	23/08/2018	R$ 1.205,75	R$ 36,93	R$ 25,00	R$ 1.267,68	**R$ 97.911,83**
51	23/09/2018	R$ 1.202,13	R$ 36,84	R$ 25,00	R$ 1.263,97	**R$ 97.396,51**
52	23/10/2018	R$ 1.198,52	R$ 36,74	R$ 25,00	R$ 1.260,26	**R$ 96.881,19**
53	23/11/2018	R$ 1.194,90	R$ 36,65	R$ 25,00	R$ 1.256,55	**R$ 96.365,87**
54	23/12/2018	R$ 1.191,29	R$ 36,56	R$ 25,00	R$ 1.252,85	**R$ 95.850,55**
55	23/01/2019	R$ 1.187,67	R$ 41,33	R$ 25,00	R$ 1.254,00	**R$ 95.335,23**
56	23/02/2019	R$ 1.184,06	R$ 41,21	R$ 25,00	R$ 1.250,27	**R$ 94.819,91**
57	23/03/2019	R$ 1.180,44	R$ 41,10	R$ 25,00	R$ 1.246,54	**R$ 94.304,59**
58	23/04/2019	R$ 1.176,83	R$ 40,98	R$ 25,00	R$ 1.242,81	**R$ 93.789,27**
59	23/05/2019	R$ 1.173,21	R$ 40,86	R$ 25,00	R$ 1.239,07	**R$ 93.273,95**
60	23/06/2019	R$ 1.169,60	R$ 40,74	R$ 25,00	R$ 1.235,34	**R$ 92.758,63**
61	23/07/2019	R$ 1.165,98	R$ 40,62	R$ 25,00	R$ 1.231,60	**R$ 92.243,31**
62	23/08/2019	R$ 1.162,37	R$ 40,51	R$ 25,00	R$ 1.227,88	**R$ 91.727,99**
63	23/09/2019	R$ 1.158,75	R$ 40,39	R$ 25,00	R$ 1.224,14	**R$ 91.212,67**
64	23/10/2019	R$ 1.155,14	R$ 40,27	R$ 25,00	R$ 1.220,41	**R$ 90.697,35**
65	23/11/2019	R$ 1.151,52	R$ 40,15	R$ 25,00	R$ 1.216,67	**R$ 90.182,03**
66	23/12/2019	R$ 1.147,91	R$ 40,03	R$ 25,00	R$ 1.212,94	**R$ 89.666,71**
67	23/01/2020	R$ 1.144,29	R$ 39,92	R$ 25,00	R$ 1.209,21	**R$ 89.151,39**
68	23/02/2020	R$ 1.140,68	R$ 39,80	R$ 25,00	R$ 1.205,48	**R$ 88.636,07**
69	23/03/2020	R$ 1.137,07	R$ 39,68	R$ 25,00	R$ 1.201,75	**R$ 88.120,75**
70	23/04/2020	R$ 1.133,45	R$ 39,56	R$ 25,00	R$ 1.198,01	**R$ 87.605,43**
71	23/05/2020	R$ 1.129,84	R$ 39,44	R$ 25,00	R$ 1.194,28	**R$ 87.090,11**
72	23/06/2020	R$ 1.126,22	R$ 39,33	R$ 25,00	R$ 1.190,55	**R$ 86.574,79**
73	23/07/2020	R$ 1.122,61	R$ 39,21	R$ 25,00	R$ 1.186,82	**R$ 86.059,47**
74	23/08/2020	R$ 1.118,99	R$ 39,09	R$ 25,00	R$ 1.183,08	**R$ 85.544,15**
75	23/09/2020	R$ 1.115,38	R$ 38,97	R$ 25,00	R$ 1.179,35	**R$ 85.028,83**
76	23/10/2020	R$ 1.111,76	R$ 38,85	R$ 25,00	R$ 1.175,61	**R$ 84.513,51**
77	23/11/2020	R$ 1.108,15	R$ 38,74	R$ 25,00	R$ 1.171,89	**R$ 83.998,19**
78	23/12/2020	R$ 1.104,53	R$ 38,62	R$ 25,00	R$ 1.168,15	**R$ 83.482,87**
79	23/01/2021	R$ 1.100,92	R$ 38,50	R$ 25,00	R$ 1.164,42	**R$ 82.967,55**
80	23/02/2021	R$ 1.097,30	R$ 38,38	R$ 25,00	R$ 1.160,68	**R$ 82.452,23**
81	23/03/2021	R$ 1.093,69	R$ 38,26	R$ 25,00	R$ 1.156,95	**R$ 81.936,91**
82	23/04/2021	R$ 1.090,07	R$ 38,15	R$ 25,00	R$ 1.153,22	**R$ 81.421,59**
83	23/05/2021	R$ 1.086,46	R$ 38,03	R$ 25,00	R$ 1.149,49	**R$ 80.906,27**
84	23/06/2021	R$ 1.082,84	R$ 37,91	R$ 25,00	R$ 1.145,75	**R$ 80.390,95**
85	23/07/2021	R$ 1.079,23	R$ 37,79	R$ 25,00	R$ 1.142,02	**R$ 79.875,63**
86	23/08/2021	R$ 1.075,61	R$ 37,67	R$ 25,00	R$ 1.138,28	**R$ 79.360,31**
87	23/09/2021	R$ 1.072,00	R$ 37,56	R$ 25,00	R$ 1.134,56	**R$ 78.844,99**
88	23/10/2021	R$ 1.068,38	R$ 37,44	R$ 25,00	R$ 1.130,82	**R$ 78.329,67**

89	23/11/2021	R$ 1.064,77	R$ 37,32	R$ 25,00	R$ 1.127,09	**R$ 77.814,35**
90	23/12/2021	R$ 1.061,16	R$ 37,20	R$ 25,00	R$ 1.123,36	**R$ 77.299,03**
91	23/01/2022	R$ 1.057,54	R$ 37,08	R$ 25,00	R$ 1.119,62	**R$ 76.783,71**
92	23/02/2022	R$ 1.053,93	R$ 36,97	R$ 25,00	R$ 1.115,90	**R$ 76.268,39**
93	23/03/2022	R$ 1.050,31	R$ 36,85	R$ 25,00	R$ 1.112,16	**R$ 75.753,07**
94	23/04/2022	R$ 1.046,70	R$ 36,73	R$ 25,00	R$ 1.108,43	**R$ 75.237,75**
95	23/05/2022	R$ 1.043,08	R$ 36,61	R$ 25,00	R$ 1.104,69	**R$ 74.722,43**
96	23/06/2022	R$ 1.039,47	R$ 36,49	R$ 25,00	R$ 1.100,96	**R$ 74.207,11**
97	23/07/2022	R$ 1.035,85	R$ 36,38	R$ 25,00	R$ 1.097,23	**R$ 73.691,79**
98	23/08/2022	R$ 1.032,24	R$ 36,26	R$ 25,00	R$ 1.093,50	**R$ 73.176,47**
99	23/09/2022	R$ 1.028,62	R$ 36,14	R$ 25,00	R$ 1.089,76	**R$ 72.661,15**
100	23/10/2022	R$ 1.025,01	R$ 36,02	R$ 25,00	R$ 1.086,03	**R$ 72.145,83**
101	23/11/2022	R$ 1.021,39	R$ 35,90	R$ 25,00	R$ 1.082,29	**R$ 71.630,51**
102	23/12/2022	R$ 1.017,78	R$ 35,79	R$ 25,00	R$ 1.078,57	**R$ 71.115,19**
103	23/01/2023	R$ 1.014,16	R$ 35,67	R$ 25,00	R$ 1.074,83	**R$ 70.599,87**
104	23/02/2023	R$ 1.010,55	R$ 35,55	R$ 25,00	R$ 1.071,10	**R$ 70.084,55**
105	23/03/2023	R$ 1.006,93	R$ 35,43	R$ 25,00	R$ 1.067,36	**R$ 69.569,23**
106	23/04/2023	R$ 1.003,32	R$ 35,31	R$ 25,00	R$ 1.063,63	**R$ 69.053,91**
107	23/05/2023	R$ 999,70	R$ 35,20	R$ 25,00	R$ 1.059,90	**R$ 68.538,59**
108	23/06/2023	R$ 996,09	R$ 35,08	R$ 25,00	R$ 1.056,17	**R$ 68.023,27**
109	23/07/2023	R$ 992,47	R$ 34,96	R$ 25,00	R$ 1.052,43	**R$ 67.507,95**
110	23/08/2023	R$ 988,86	R$ 34,84	R$ 25,00	R$ 1.048,70	**R$ 66.992,63**
111	23/09/2023	R$ 985,25	R$ 34,72	R$ 25,00	R$ 1.044,97	**R$ 66.477,31**
112	23/10/2023	R$ 981,63	R$ 34,61	R$ 25,00	R$ 1.041,24	**R$ 65.961,99**
113	23/11/2023	R$ 978,02	R$ 34,49	R$ 25,00	R$ 1.037,51	**R$ 65.446,67**
114	23/12/2023	R$ 974,40	R$ 34,37	R$ 25,00	R$ 1.033,77	**R$ 64.931,35**
115	23/01/2024	R$ 970,79	R$ 38,95	R$ 25,00	R$ 1.034,74	**R$ 64.416,03**
116	23/02/2024	R$ 967,17	R$ 38,80	R$ 25,00	R$ 1.030,97	**R$ 63.900,71**
117	23/03/2024	R$ 963,56	R$ 38,64	R$ 25,00	R$ 1.027,20	**R$ 63.385,39**
118	23/04/2024	R$ 959,94	R$ 38,49	R$ 25,00	R$ 1.023,43	**R$ 62.870,07**
119	23/05/2024	R$ 956,33	R$ 38,33	R$ 25,00	R$ 1.019,66	**R$ 62.354,75**
120	23/06/2024	R$ 952,71	R$ 38,18	R$ 25,00	R$ 1.015,89	**R$ 61.839,43**
121	23/07/2024	R$ 949,10	R$ 38,02	R$ 25,00	R$ 1.012,12	**R$ 61.324,11**
122	23/08/2024	R$ 945,48	R$ 37,86	R$ 25,00	R$ 1.008,34	**R$ 60.808,79**
123	23/09/2024	R$ 941,87	R$ 37,71	R$ 25,00	R$ 1.004,58	**R$ 60.293,47**
124	23/10/2024	R$ 938,25	R$ 37,55	R$ 25,00	R$ 1.000,80	**R$ 59.778,15**
125	23/11/2024	R$ 934,64	R$ 37,40	R$ 25,00	R$ 997,04	**R$ 59.262,83**
126	23/12/2024	R$ 931,02	R$ 37,24	R$ 25,00	R$ 993,26	**R$ 58.747,51**
127	23/01/2025	R$ 927,41	R$ 37,09	R$ 25,00	R$ 989,50	**R$ 58.232,19**

#	Data					
128	23/02/2025	R$ 923,79	R$ 36,93	R$ 25,00	R$ 985,72	**R$ 57.716,87**
129	23/03/2025	R$ 920,18	R$ 36,77	R$ 25,00	R$ 981,95	**R$ 57.201,55**
130	23/04/2025	R$ 916,57	R$ 36,62	R$ 25,00	R$ 978,19	**R$ 56.686,23**
131	23/05/2025	R$ 912,95	R$ 36,46	R$ 25,00	R$ 974,41	**R$ 56.170,91**
132	23/06/2025	R$ 909,34	R$ 36,31	R$ 25,00	R$ 970,65	**R$ 55.655,59**
133	23/07/2025	R$ 905,72	R$ 36,15	R$ 25,00	R$ 966,87	**R$ 55.140,27**
134	23/08/2025	R$ 902,11	R$ 36,00	R$ 25,00	R$ 963,11	**R$ 54.624,95**
135	23/09/2025	R$ 898,49	R$ 35,84	R$ 25,00	R$ 959,33	**R$ 54.109,63**
136	23/10/2025	R$ 894,88	R$ 35,69	R$ 25,00	R$ 955,57	**R$ 53.594,31**
137	23/11/2025	R$ 891,26	R$ 35,53	R$ 25,00	R$ 951,79	**R$ 53.078,99**
138	23/12/2025	R$ 887,65	R$ 35,37	R$ 25,00	R$ 948,02	**R$ 52.563,67**
139	23/01/2026	R$ 884,03	R$ 35,22	R$ 25,00	R$ 944,25	**R$ 52.048,35**
140	23/02/2026	R$ 880,42	R$ 35,06	R$ 25,00	R$ 940,48	**R$ 51.533,03**
141	23/03/2026	R$ 876,80	R$ 34,91	R$ 25,00	R$ 936,71	**R$ 51.017,71**
142	23/04/2026	R$ 873,19	R$ 34,75	R$ 25,00	R$ 932,94	**R$ 50.502,39**
143	23/05/2026	R$ 869,57	R$ 34,60	R$ 25,00	R$ 929,17	**R$ 49.987,07**
144	23/06/2026	R$ 865,96	R$ 34,44	R$ 25,00	R$ 925,40	**R$ 49.471,75**
145	23/07/2026	R$ 862,34	R$ 34,28	R$ 25,00	R$ 921,62	**R$ 48.956,43**
146	23/08/2026	R$ 858,73	R$ 34,13	R$ 25,00	R$ 917,86	**R$ 48.441,11**
147	23/09/2026	R$ 855,11	R$ 33,97	R$ 25,00	R$ 914,08	**R$ 47.925,79**
148	23/10/2026	R$ 851,50	R$ 33,82	R$ 25,00	R$ 910,32	**R$ 47.410,47**
149	23/11/2026	R$ 847,88	R$ 33,66	R$ 25,00	R$ 906,54	**R$ 46.895,15**
150	23/12/2026	R$ 844,27	R$ 33,51	R$ 25,00	R$ 902,78	**R$ 46.379,83**
151	23/01/2027	R$ 840,66	R$ 33,35	R$ 25,00	R$ 899,01	**R$ 45.864,51**
152	23/02/2027	R$ 837,04	R$ 33,20	R$ 25,00	R$ 895,24	**R$ 45.349,19**
153	23/03/2027	R$ 833,43	R$ 33,04	R$ 25,00	R$ 891,47	**R$ 44.833,87**
154	23/04/2027	R$ 829,81	R$ 32,88	R$ 25,00	R$ 887,69	**R$ 44.318,55**
155	23/05/2027	R$ 826,20	R$ 32,73	R$ 25,00	R$ 883,93	**R$ 43.803,23**
156	23/06/2027	R$ 822,58	R$ 32,57	R$ 25,00	R$ 880,15	**R$ 43.287,91**
157	23/07/2027	R$ 818,97	R$ 32,42	R$ 25,00	R$ 876,39	**R$ 42.772,59**
158	23/08/2027	R$ 815,35	R$ 32,26	R$ 25,00	R$ 872,61	**R$ 42.257,27**
159	23/09/2027	R$ 811,74	R$ 32,11	R$ 25,00	R$ 868,85	**R$ 41.741,95**
160	23/10/2027	R$ 808,12	R$ 31,95	R$ 25,00	R$ 865,07	**R$ 41.226,63**
161	23/11/2027	R$ 804,51	R$ 31,79	R$ 25,00	R$ 861,30	**R$ 40.711,31**
162	23/12/2027	R$ 800,89	R$ 31,64	R$ 25,00	R$ 857,53	**R$ 40.195,99**
163	23/01/2028	R$ 797,28	R$ 31,48	R$ 25,00	R$ 853,76	**R$ 39.680,67**
164	23/02/2028	R$ 793,66	R$ 31,33	R$ 25,00	R$ 849,99	**R$ 39.165,35**
165	23/03/2028	R$ 790,05	R$ 31,17	R$ 25,00	R$ 846,22	**R$ 38.650,03**
166	23/04/2028	R$ 786,43	R$ 31,02	R$ 25,00	R$ 842,45	**R$ 38.134,71**

167	23/05/2028	R$ 782,82	R$ 30,86	R$ 25,00	R$ 838,68	**R$ 37.619,39**
168	23/06/2028	R$ 779,20	R$ 30,71	R$ 25,00	R$ 834,91	**R$ 37.104,07**
169	23/07/2028	R$ 775,59	R$ 30,55	R$ 25,00	R$ 831,14	**R$ 36.588,75**
170	23/08/2028	R$ 771,97	R$ 30,39	R$ 25,00	R$ 827,36	**R$ 36.073,43**
171	23/09/2028	R$ 768,36	R$ 30,24	R$ 25,00	R$ 823,60	**R$ 35.558,11**
172	23/10/2028	R$ 764,75	R$ 30,08	R$ 25,00	R$ 819,83	**R$ 35.042,79**
173	23/11/2028	R$ 761,13	R$ 29,93	R$ 25,00	R$ 816,06	**R$ 34.527,47**
174	23/12/2028	R$ 757,52	R$ 29,77	R$ 25,00	R$ 812,29	**R$ 34.012,15**
175	23/01/2029	R$ 753,90	R$ 33,03	R$ 25,00	R$ 811,93	**R$ 33.496,83**
176	23/02/2029	R$ 750,29	R$ 32,82	R$ 25,00	R$ 808,11	**R$ 32.981,51**
177	23/03/2029	R$ 746,67	R$ 32,62	R$ 25,00	R$ 804,29	**R$ 32.466,19**
178	23/04/2029	R$ 743,06	R$ 32,41	R$ 25,00	R$ 800,47	**R$ 31.950,87**
179	23/05/2029	R$ 739,44	R$ 32,20	R$ 25,00	R$ 796,64	**R$ 31.435,55**
180	23/06/2029	R$ 735,83	R$ 31,99	R$ 25,00	R$ 792,82	**R$ 30.920,23**
181	23/07/2029	R$ 732,21	R$ 31,78	R$ 25,00	R$ 788,99	**R$ 30.404,91**
182	23/08/2029	R$ 728,60	R$ 31,58	R$ 25,00	R$ 785,18	**R$ 29.889,59**
183	23/09/2029	R$ 724,98	R$ 31,37	R$ 25,00	R$ 781,35	**R$ 29.374,27**
184	23/10/2029	R$ 721,37	R$ 31,16	R$ 25,00	R$ 777,53	**R$ 28.858,95**
185	23/11/2029	R$ 717,75	R$ 30,95	R$ 25,00	R$ 773,70	**R$ 28.343,63**
186	23/12/2029	R$ 714,14	R$ 30,74	R$ 25,00	R$ 769,88	**R$ 27.828,31**
187	23/01/2030	R$ 710,52	R$ 30,53	R$ 25,00	R$ 766,05	**R$ 27.312,99**
188	23/02/2030	R$ 706,91	R$ 30,33	R$ 25,00	R$ 762,24	**R$ 26.797,67**
189	23/03/2030	R$ 703,29	R$ 30,12	R$ 25,00	R$ 758,41	**R$ 26.282,35**
190	23/04/2030	R$ 699,68	R$ 29,91	R$ 25,00	R$ 754,59	**R$ 25.767,03**
191	23/05/2030	R$ 696,07	R$ 29,70	R$ 25,00	R$ 750,77	**R$ 25.251,71**
192	23/06/2030	R$ 692,45	R$ 29,49	R$ 25,00	R$ 746,94	**R$ 24.736,39**
193	23/07/2030	R$ 688,84	R$ 29,29	R$ 25,00	R$ 743,13	**R$ 24.221,07**
194	23/08/2030	R$ 685,22	R$ 29,08	R$ 25,00	R$ 739,30	**R$ 23.705,75**
195	23/09/2030	R$ 681,61	R$ 28,87	R$ 25,00	R$ 735,48	**R$ 23.190,43**
196	23/10/2030	R$ 677,99	R$ 28,66	R$ 25,00	R$ 731,65	**R$ 22.675,11**
197	23/11/2030	R$ 674,38	R$ 28,45	R$ 25,00	R$ 727,83	**R$ 22.159,79**
198	23/12/2030	R$ 670,76	R$ 28,24	R$ 25,00	R$ 724,00	**R$ 21.644,47**
199	23/01/2031	R$ 667,15	R$ 28,04	R$ 25,00	R$ 720,19	**R$ 21.129,15**
200	23/02/2031	R$ 663,53	R$ 27,83	R$ 25,00	R$ 716,36	**R$ 20.613,83**
201	23/03/2031	R$ 659,92	R$ 27,62	R$ 25,00	R$ 712,54	**R$ 20.098,51**
202	23/04/2031	R$ 656,30	R$ 27,41	R$ 25,00	R$ 708,71	**R$ 19.583,19**
203	23/05/2031	R$ 652,69	R$ 27,20	R$ 25,00	R$ 704,89	**R$ 19.067,87**
204	23/06/2031	R$ 649,07	R$ 27,00	R$ 25,00	R$ 701,07	**R$ 18.552,55**
205	23/07/2031	R$ 645,46	R$ 26,79	R$ 25,00	R$ 697,25	**R$ 18.037,23**

206	23/08/2031	R$ 641,84	R$ 26,58	R$ 25,00	R$ 693,42	**R$ 17.521,91**
207	23/09/2031	R$ 638,23	R$ 26,37	R$ 25,00	R$ 689,60	**R$ 17.006,59**
208	23/10/2031	R$ 634,61	R$ 26,16	R$ 25,00	R$ 685,77	**R$ 16.491,27**
209	23/11/2031	R$ 631,00	R$ 25,95	R$ 25,00	R$ 681,95	**R$ 15.975,95**
210	23/12/2031	R$ 627,38	R$ 25,75	R$ 25,00	R$ 678,13	**R$ 15.460,63**
211	23/01/2032	R$ 623,77	R$ 25,54	R$ 25,00	R$ 674,31	**R$ 14.945,31**
212	23/02/2032	R$ 620,16	R$ 25,33	R$ 25,00	R$ 670,49	**R$ 14.429,99**
213	23/03/2032	R$ 616,54	R$ 25,12	R$ 25,00	R$ 666,66	**R$ 13.914,67**
214	23/04/2032	R$ 612,93	R$ 24,91	R$ 25,00	R$ 662,84	**R$ 13.399,35**
215	23/05/2032	R$ 609,31	R$ 24,71	R$ 25,00	R$ 659,02	**R$ 12.884,03**
216	23/06/2032	R$ 605,70	R$ 24,50	R$ 25,00	R$ 655,20	**R$ 12.368,71**
217	23/07/2032	R$ 602,08	R$ 24,29	R$ 25,00	R$ 651,37	**R$ 11.853,39**
218	23/08/2032	R$ 598,47	R$ 24,08	R$ 25,00	R$ 647,55	**R$ 11.338,07**
219	23/09/2032	R$ 594,85	R$ 23,87	R$ 25,00	R$ 643,72	**R$ 10.822,75**
220	23/10/2032	R$ 591,24	R$ 23,66	R$ 25,00	R$ 639,90	**R$ 10.307,43**
221	23/11/2032	R$ 587,62	R$ 23,46	R$ 25,00	R$ 636,08	**R$ 9.792,11**
222	23/12/2032	R$ 584,01	R$ 23,25	R$ 25,00	R$ 632,26	**R$ 9.276,79**
223	23/01/2033	R$ 580,39	R$ 23,04	R$ 25,00	R$ 628,43	**R$ 8.761,47**
224	23/02/2033	R$ 576,78	R$ 22,83	R$ 25,00	R$ 624,61	**R$ 8.246,15**
225	23/03/2033	R$ 573,16	R$ 22,62	R$ 25,00	R$ 620,78	**R$ 7.730,83**
226	23/04/2033	R$ 569,55	R$ 22,42	R$ 25,00	R$ 616,97	**R$ 7.215,51**
227	23/05/2033	R$ 565,93	R$ 22,21	R$ 25,00	R$ 613,14	**R$ 6.700,19**
228	23/06/2033	R$ 562,32	R$ 22,00	R$ 25,00	R$ 609,32	**R$ 6.184,87**
229	23/07/2033	R$ 558,70	R$ 21,79	R$ 25,00	R$ 605,49	**R$ 5.669,55**
230	23/08/2033	R$ 555,09	R$ 21,58	R$ 25,00	R$ 601,67	**R$ 5.154,23**
231	23/09/2033	R$ 551,47	R$ 21,37	R$ 25,00	R$ 597,84	**R$ 4.638,91**
232	23/10/2033	R$ 547,86	R$ 21,17	R$ 25,00	R$ 594,03	**R$ 4.123,59**
233	23/11/2033	R$ 544,25	R$ 20,96	R$ 25,00	R$ 590,21	**R$ 3.608,27**
234	23/12/2033	R$ 540,63	R$ 20,75	R$ 25,00	R$ 586,38	**R$ 3.092,95**
235	23/01/2034	R$ 537,02	R$ 21,05	R$ 25,00	R$ 583,07	**R$ 2.577,63**
236	23/02/2034	R$ 533,40	R$ 20,74	R$ 25,00	R$ 579,14	**R$ 2.062,31**
237	23/03/2034	R$ 529,79	R$ 20,43	R$ 25,00	R$ 575,22	**R$ 1.546,99**
238	23/04/2034	R$ 526,17	R$ 20,12	R$ 25,00	R$ 571,29	**R$ 1.031,67**
239	23/05/2034	R$ 522,56	R$ 19,81	R$ 25,00	R$ 567,37	**R$ 516,35**
240	23/06/2034	R$ 519,97	R$ 0,00	R$ 25,00	R$ 544,97	**R$ 0,00**

Tabela 3 – Resultado simulação financiamento habitacional CEF – Sistema SAC

Fazendo as contas: entrada + somatório das parcelas = R$ 126.322,17 + R$ 242.372,31; então seu imóvel financiado sairá pela pequena bagatela de:

R$ 368.694,48 (Trezentos e sessenta e oito mil seiscentos e noventa e quatro reais e quarenta e oito centavos), lembrando que você deu 50,53% do valor do imóvel como entrada e financiou o resto, ou seja, R$ 123.677,83, você pagou de juros e taxas **195,97% do valor financiado (R$ 123.677,83) – praticamente o triplo!**

Mas você pode dizer: Ah parece caro, mas tem a inflação que você não considerou no futuro. Eu tenho a dizer duas coisas: Ninguém sabe o futuro, então "adivinhar" índices de inflação é muito difícil, diria impossível. A segunda é que o valor das parcelas não é fixo e é corrigido ano a ano para compensar a inflação. Touchè! Então neste caso a simulação dá uma ideia muito próxima do valor real lá do futuro, trazendo esse futuro (a prestação 240) para o dia de hoje.

Agora apresento a simulação dessa mesma prestação (valor médio das prestações: R$ 242.372,31 ÷ 240), R$ 1.009,88 em uma aplicação com juros compostos a 0,7% a.m. (sei que hoje em dia é difícil aproximar-se desses índices nas aplicações tradicionais, mas mais adiante no livro vou dar dicas de aplicações que podem chegar nesse rendimento) pelo período de 120 meses (metade do tempo do financiamento do imóvel). Não vamos considerar o valor futuro da inflação, faremos a regressão para os valores dos dias de hoje. Eu usei a calculadora financeira que está disponível em:

http://www.subterfugios.net/traq/calculador-de-rendimentos/

CALCULADOR DE RENDIMENTOS

Período (meses):	120
Valor inicial (R$):	0,00
Aporte mensal (R$):	1.009,88 ☐ corrigir aporte pela inflação
Rendimento (%):	0,700 ◉ Mensal ○ Anual
Administração (%):	0,000 ◉ Mensal ○ Anual
Inflação (%):	0,000 ◉ Mensal ○ Anual
Calcular	

Figura 5 – Simulação rendimentos juros compostos

Mês	Valor inicial (R$)	Rendimento (R$) 0,700 %/mês	Administração (R$) 0,000 %/mês	Inflação (R$) 0,000 %/mês	Aporte (R$)	Valor final (R$)
1	0,00	0,00	0,00	0,00	1.009,88	1.009,88
2	1.009,88	7,07	0,00	0,00	1.009,88	2.026,83
3	2.026,83	14,19	0,00	0,00	1.009,88	3.050,90
4	3.050,90	21,36	0,00	0,00	1.009,88	4.082,13
5	4.082,13	28,57	0,00	0,00	1.009,88	5.120,59
6	5.120,59	35,84	0,00	0,00	1.009,88	6.166,31
7	6.166,31	43,16	0,00	0,00	1.009,88	7.219,36
8	7.219,36	50,54	0,00	0,00	1.009,88	8.279,77
9	8.279,77	57,96	0,00	0,00	1.009,88	9.347,61

10	9.347,61	65,43	0,00	0,00	1.009,88	10.422,92
11	10.422,92	72,96	0,00	0,00	1.009,88	11.505,76
12	11.505,76	80,54	0,00	0,00	1.009,88	12.596,18
13	12.596,18	88,17	0,00	0,00	1.009,88	13.694,24
14	13.694,24	95,86	0,00	0,00	1.009,88	14.799,98
15	14.799,98	103,60	0,00	0,00	1.009,88	15.913,46
16	15.913,46	111,39	0,00	0,00	1.009,88	17.034,73
17	17.034,73	119,24	0,00	0,00	1.009,88	18.163,85
18	18.163,85	127,15	0,00	0,00	1.009,88	19.300,88
19	19.300,88	135,11	0,00	0,00	1.009,88	20.445,87
20	20.445,87	143,12	0,00	0,00	1.009,88	21.598,87
21	21.598,87	151,19	0,00	0,00	1.009,88	22.759,94
22	22.759,94	159,32	0,00	0,00	1.009,88	23.929,14
23	23.929,14	167,50	0,00	0,00	1.009,88	25.106,52
24	25.106,52	175,75	0,00	0,00	1.009,88	26.292,15
25	26.292,15	184,05	0,00	0,00	1.009,88	27.486,08
26	27.486,08	192,40	0,00	0,00	1.009,88	28.688,36
27	28.688,36	200,82	0,00	0,00	1.009,88	29.899,06
28	29.899,06	209,29	0,00	0,00	1.009,88	31.118,23
29	31.118,23	217,83	0,00	0,00	1.009,88	32.345,94
30	32.345,94	226,42	0,00	0,00	1.009,88	33.582,24
31	33.582,24	235,08	0,00	0,00	1.009,88	34.827,19
32	34.827,19	243,79	0,00	0,00	1.009,88	36.080,86
33	36.080,86	252,57	0,00	0,00	1.009,88	37.343,31
34	37.343,31	261,40	0,00	0,00	1.009,88	38.614,59
35	38.614,59	270,30	0,00	0,00	1.009,88	39.894,78
36	39.894,78	279,26	0,00	0,00	1.009,88	41.183,92
37	41.183,92	288,29	0,00	0,00	1.009,88	42.482,09
38	42.482,09	297,37	0,00	0,00	1.009,88	43.789,34
39	43.789,34	306,53	0,00	0,00	1.009,88	45.105,75
40	45.105,75	315,74	0,00	0,00	1.009,88	46.431,37
41	46.431,37	325,02	0,00	0,00	1.009,88	47.766,27
42	47.766,27	334,36	0,00	0,00	1.009,88	49.110,51
43	49.110,51	343,77	0,00	0,00	1.009,88	50.464,16
44	50.464,16	353,25	0,00	0,00	1.009,88	51.827,29

45	51.827,29	362,79	0,00	0,00	1.009,88	53.199,96
46	53.199,96	372,40	0,00	0,00	1.009,88	54.582,24
47	54.582,24	382,08	0,00	0,00	1.009,88	55.974,20
48	55.974,20	391,82	0,00	0,00	1.009,88	57.375,90
49	57.375,90	401,63	0,00	0,00	1.009,88	58.787,41
50	58.787,41	411,51	0,00	0,00	1.009,88	60.208,80
51	60.208,80	421,46	0,00	0,00	1.009,88	61.640,14
52	61.640,14	431,48	0,00	0,00	1.009,88	63.081,50
53	63.081,50	441,57	0,00	0,00	1.009,88	64.532,96
54	64.532,96	451,73	0,00	0,00	1.009,88	65.994,57
55	65.994,57	461,96	0,00	0,00	1.009,88	67.466,41
56	67.466,41	472,26	0,00	0,00	1.009,88	68.948,55
57	68.948,55	482,64	0,00	0,00	1.009,88	70.441,07
58	70.441,07	493,09	0,00	0,00	1.009,88	71.944,04
59	71.944,04	503,61	0,00	0,00	1.009,88	73.457,53
60	73.457,53	514,20	0,00	0,00	1.009,88	74.981,61
61	74.981,61	524,87	0,00	0,00	1.009,88	76.516,36
62	76.516,36	535,61	0,00	0,00	1.009,88	78.061,86
63	78.061,86	546,43	0,00	0,00	1.009,88	79.618,17
64	79.618,17	557,33	0,00	0,00	1.009,88	81.185,38
65	81.185,38	568,30	0,00	0,00	1.009,88	82.763,55
66	82.763,55	579,34	0,00	0,00	1.009,88	84.352,78
67	84.352,78	590,47	0,00	0,00	1.009,88	85.953,13
68	85.953,13	601,67	0,00	0,00	1.009,88	87.564,68
69	87.564,68	612,95	0,00	0,00	1.009,88	89.187,51
70	89.187,51	624,31	0,00	0,00	1.009,88	90.821,71
71	90.821,71	635,75	0,00	0,00	1.009,88	92.467,34
72	92.467,34	647,27	0,00	0,00	1.009,88	94.124,49
73	94.124,49	658,87	0,00	0,00	1.009,88	95.793,24
74	95.793,24	670,55	0,00	0,00	1.009,88	97.473,67
75	97.473,67	682,32	0,00	0,00	1.009,88	99.165,87
76	99.165,87	694,16	0,00	0,00	1.009,88	100.869,91
77	100.869,91	706,09	0,00	0,00	1.009,88	102.585,88
78	102.585,88	718,10	0,00	0,00	1.009,88	104.313,86
79	104.313,86	730,20	0,00	0,00	1.009,88	106.053,94

80	106.053,94	742,38	0,00	0,00	1.009,88	107.806,20
81	107.806,20	754,64	0,00	0,00	1.009,88	109.570,72
82	109.570,72	767,00	0,00	0,00	1.009,88	111.347,59
83	111.347,59	779,43	0,00	0,00	1.009,88	113.136,91
84	113.136,91	791,96	0,00	0,00	1.009,88	114.938,75
85	114.938,75	804,57	0,00	0,00	1.009,88	116.753,20
86	116.753,20	817,27	0,00	0,00	1.009,88	118.580,35
87	118.580,35	830,06	0,00	0,00	1.009,88	120.420,29
88	120.420,29	842,94	0,00	0,00	1.009,88	122.273,11
89	122.273,11	855,91	0,00	0,00	1.009,88	124.138,91
90	124.138,91	868,97	0,00	0,00	1.009,88	126.017,76
91	126.017,76	882,12	0,00	0,00	1.009,88	127.909,76
92	127.909,76	895,37	0,00	0,00	1.009,88	129.815,01
93	129.815,01	908,71	0,00	0,00	1.009,88	131.733,60
94	131.733,60	922,14	0,00	0,00	1.009,88	133.665,61
95	133.665,61	935,66	0,00	0,00	1.009,88	135.611,15
96	135.611,15	949,28	0,00	0,00	1.009,88	137.570,31
97	137.570,31	962,99	0,00	0,00	1.009,88	139.543,18
98	139.543,18	976,80	0,00	0,00	1.009,88	141.529,86
99	141.529,86	990,71	0,00	0,00	1.009,88	143.530,45
100	143.530,45	1.004,71	0,00	0,00	1.009,88	145.545,04
101	145.545,04	1.018,82	0,00	0,00	1.009,88	147.573,74
102	147.573,74	1.033,02	0,00	0,00	1.009,88	149.616,64
103	149.616,64	1.047,32	0,00	0,00	1.009,88	151.673,83
104	151.673,83	1.061,72	0,00	0,00	1.009,88	153.745,43
105	153.745,43	1.076,22	0,00	0,00	1.009,88	155.831,53
106	155.831,53	1.090,82	0,00	0,00	1.009,88	157.932,23
107	157.932,23	1.105,53	0,00	0,00	1.009,88	160.047,63
108	160.047,63	1.120,33	0,00	0,00	1.009,88	162.177,85
109	162.177,85	1.135,24	0,00	0,00	1.009,88	164.322,97
110	164.322,97	1.150,26	0,00	0,00	1.009,88	166.483,11
111	166.483,11	1.165,38	0,00	0,00	1.009,88	168.658,37
112	168.658,37	1.180,61	0,00	0,00	1.009,88	170.848,86
113	170.848,86	1.195,94	0,00	0,00	1.009,88	173.054,69
114	173.054,69	1.211,38	0,00	0,00	1.009,88	175.275,95

115	175.275,95	1.226,93	0,00	0,00	1.009,88	177.512,76
116	177.512,76	1.242,59	0,00	0,00	1.009,88	179.765,23
117	179.765,23	1.258,36	0,00	0,00	1.009,88	182.033,47
118	182.033,47	1.274,23	0,00	0,00	1.009,88	184.317,58
119	184.317,58	1.290,22	0,00	0,00	1.009,88	186.617,68
120	186.617,68	1.306,32	0,00	0,00	1.009,88	188.933,89
Totais em 120 meses (10 anos)		Rendimento acumulado (R$)	Administração acumulada (R$)	Inflação acumulada (R$)	Aportes acumulados (R$)	Total acumulado * ....
		67.748,29	0,00	0,00	121.185,60	**188.933,89**

Tabela 4 – Simulação investimento com juros compostos

No final do período de 120 meses (metade do tempo de financiamento pela CEF), fazendo aporte mensais no valor médio das prestações da simulação feita no simulador da CAIXA, você teria a quantia de **R$ 188.933, 89 (cento e oitenta e oito mil novecentos e trinta e três reais e oitenta e nove centavos)**, ou seja, **75,57% do valor total do imóvel e 152,76% do valor financiado**, bastando ter uma entrada de R$ 61.066,11 para você comprar o imóvel à vista. Assim na metade do tempo estipulado para o financiamento você compraria o imóvel, com o poder de barganhar o preço, e economizaria R$ 118.694,48 (47,48% do valor do imóvel). Lembre-se, você economiza mais de cem mil reais na metade do tempo.

Nesse mesmo cenário, se considerarmos os 240 meses, o total acumulado seria de R$ 625.295,29 (seiscentos e noventa e cinco mil duzentos e noventa e cinco reais e vinte e nove centavos) – 2,5 vezes o valor do imóvel. Concluímos que o **custo de oportunidade** do financiamento da CEF é de R$ 625.295,29 – R$ 242.372,31 = R$ 382.922,98, ou seja, ao pagarmos as prestações do financiamento da CEF ao invés de investir o mesmo valor do financiamento em uma aplicação que rende 0,7% a.m. estamos deixando de ganhar, ou perdendo **TREZENTOS E OITENTA E DOIS MIL NOVECENTOS E VINTE DOIS REAIS E NOVENTA E OITO CENTAVOS.** Esse conceito de custo de oportunidade, ou o que se deixa de ganhar, é um conceito muito importante que devemos ter em mente antes de fazer um financiamento. A maioria das pessoas preocupa-se se a prestação vai caber no bolso, mas ignora o custo de oportunidade da mesma.

O último cenário que eu queria simular é o qual você paga R$ 700,00 (setecentos reais de aluguel) e investe o restante do valor da prestação da casa própria, R$ 309,88, na mesma aplicação de juros compostos a 0,7% a.m., pelo período de 240 meses (período de financiamento).

Mês	Valor inicial (R$)	Rendimento (R$) 0,700 %/mês	Administração (R$) 0,000 %/mês	Inflação (R$) 0,000 %/mês	Aporte (R$)	Valor final (R$)
1	0,00	0,00	0,00	0,00	309,88	309,88
2	309,88	2,17	0,00	0,00	309,88	621,93
3	621,93	4,35	0,00	0,00	309,88	936,16
4	936,16	6,55	0,00	0,00	309,88	1.252,60
5	1.252,60	8,77	0,00	0,00	309,88	1.571,24

6	1.571,24	11,00	0,00	0,00	309,88	1.892,12
7	1.892,12	13,24	0,00	0,00	309,88	2.215,25
8	2.215,25	15,51	0,00	0,00	309,88	2.540,63
9	2.540,63	17,78	0,00	0,00	309,88	2.868,30
10	2.868,30	20,08	0,00	0,00	309,88	3.198,26
11	3.198,26	22,39	0,00	0,00	309,88	3.530,52
12	3.530,52	24,71	0,00	0,00	309,88	3.865,12
13	3.865,12	27,06	0,00	0,00	309,88	4.202,05
14	4.202,05	29,41	0,00	0,00	309,88	4.541,35
15	4.541,35	31,79	0,00	0,00	309,88	4.883,02
16	4.883,02	34,18	0,00	0,00	309,88	5.227,08
17	5.227,08	36,59	0,00	0,00	309,88	5.573,55
18	5.573,55	39,01	0,00	0,00	309,88	5.922,44
19	5.922,44	41,46	0,00	0,00	309,88	6.273,78
20	6.273,78	43,92	0,00	0,00	309,88	6.627,58
21	6.627,58	46,39	0,00	0,00	309,88	6.983,85
22	6.983,85	48,89	0,00	0,00	309,88	7.342,62
23	7.342,62	51,40	0,00	0,00	309,88	7.703,90
24	7.703,90	53,93	0,00	0,00	309,88	8.067,70
25	8.067,70	56,47	0,00	0,00	309,88	8.434,06
26	8.434,06	59,04	0,00	0,00	309,88	8.802,97
27	8.802,97	61,62	0,00	0,00	309,88	9.174,48
28	9.174,48	64,22	0,00	0,00	309,88	9.548,58
29	9.548,58	66,84	0,00	0,00	309,88	9.925,30
30	9.925,30	69,48	0,00	0,00	309,88	10.304,65
31	10.304,65	72,13	0,00	0,00	309,88	10.686,67
32	10.686,67	74,81	0,00	0,00	309,88	11.071,35
33	11.071,35	77,50	0,00	0,00	309,88	11.458,73
34	11.458,73	80,21	0,00	0,00	309,88	11.848,82
35	11.848,82	82,94	0,00	0,00	309,88	12.241,65
36	12.241,65	85,69	0,00	0,00	309,88	12.637,22
37	12.637,22	88,46	0,00	0,00	309,88	13.035,56
38	13.035,56	91,25	0,00	0,00	309,88	13.436,69
39	13.436,69	94,06	0,00	0,00	309,88	13.840,62
40	13.840,62	96,88	0,00	0,00	309,88	14.247,39

41	14.247,39	99,73	0,00	0,00	309,88	14.657,00
42	14.657,00	102,60	0,00	0,00	309,88	15.069,48
43	15.069,48	105,49	0,00	0,00	309,88	15.484,84
44	15.484,84	108,39	0,00	0,00	309,88	15.903,12
45	15.903,12	111,32	0,00	0,00	309,88	16.324,32
46	16.324,32	114,27	0,00	0,00	309,88	16.748,47
47	16.748,47	117,24	0,00	0,00	309,88	17.175,59
48	17.175,59	120,23	0,00	0,00	309,88	17.605,70
49	17.605,70	123,24	0,00	0,00	309,88	18.038,82
50	18.038,82	126,27	0,00	0,00	309,88	18.474,97
51	18.474,97	129,32	0,00	0,00	309,88	18.914,18
52	18.914,18	132,40	0,00	0,00	309,88	19.356,45
53	19.356,45	135,50	0,00	0,00	309,88	19.801,83
54	19.801,83	138,61	0,00	0,00	309,88	20.250,32
55	20.250,32	141,75	0,00	0,00	309,88	20.701,95
56	20.701,95	144,91	0,00	0,00	309,88	21.156,75
57	21.156,75	148,10	0,00	0,00	309,88	21.614,73
58	21.614,73	151,30	0,00	0,00	309,88	22.075,91
59	22.075,91	154,53	0,00	0,00	309,88	22.540,32
60	22.540,32	157,78	0,00	0,00	309,88	23.007,98
61	23.007,98	161,06	0,00	0,00	309,88	23.478,92
62	23.478,92	164,35	0,00	0,00	309,88	23.953,15
63	23.953,15	167,67	0,00	0,00	309,88	24.430,70
64	24.430,70	171,01	0,00	0,00	309,88	24.911,60
65	24.911,60	174,38	0,00	0,00	309,88	25.395,86
66	25.395,86	177,77	0,00	0,00	309,88	25.883,51
67	25.883,51	181,18	0,00	0,00	309,88	26.374,57
68	26.374,57	184,62	0,00	0,00	309,88	26.869,08
69	26.869,08	188,08	0,00	0,00	309,88	27.367,04
70	27.367,04	191,57	0,00	0,00	309,88	27.868,49
71	27.868,49	195,08	0,00	0,00	309,88	28.373,45
72	28.373,45	198,61	0,00	0,00	309,88	28.881,94
73	28.881,94	202,17	0,00	0,00	309,88	29.394,00
74	29.394,00	205,76	0,00	0,00	309,88	29.909,63
75	29.909,63	209,37	0,00	0,00	309,88	30.428,88

76	30.428,88	213,00	0,00	0,00	309,88	30.951,76
77	30.951,76	216,66	0,00	0,00	309,88	31.478,31
78	31.478,31	220,35	0,00	0,00	309,88	32.008,53
79	32.008,53	224,06	0,00	0,00	309,88	32.542,47
80	32.542,47	227,80	0,00	0,00	309,88	33.080,15
81	33.080,15	231,56	0,00	0,00	309,88	33.621,59
82	33.621,59	235,35	0,00	0,00	309,88	34.166,82
83	34.166,82	239,17	0,00	0,00	309,88	34.715,87
84	34.715,87	243,01	0,00	0,00	309,88	35.268,76
85	35.268,76	246,88	0,00	0,00	309,88	35.825,52
86	35.825,52	250,78	0,00	0,00	309,88	36.386,18
87	36.386,18	254,70	0,00	0,00	309,88	36.950,77
88	36.950,77	258,66	0,00	0,00	309,88	37.519,30
89	37.519,30	262,64	0,00	0,00	309,88	38.091,82
90	38.091,82	266,64	0,00	0,00	309,88	38.668,34
91	38.668,34	270,68	0,00	0,00	309,88	39.248,90
92	39.248,90	274,74	0,00	0,00	309,88	39.833,52
93	39.833,52	278,83	0,00	0,00	309,88	40.422,23
94	40.422,23	282,96	0,00	0,00	309,88	41.015,07
95	41.015,07	287,11	0,00	0,00	309,88	41.612,06
96	41.612,06	291,28	0,00	0,00	309,88	42.213,22
97	42.213,22	295,49	0,00	0,00	309,88	42.818,59
98	42.818,59	299,73	0,00	0,00	309,88	43.428,20
99	43.428,20	304,00	0,00	0,00	309,88	44.042,08
100	44.042,08	308,29	0,00	0,00	309,88	44.660,25
101	44.660,25	312,62	0,00	0,00	309,88	45.282,76
102	45.282,76	316,98	0,00	0,00	309,88	45.909,62
103	45.909,62	321,37	0,00	0,00	309,88	46.540,86
104	46.540,86	325,79	0,00	0,00	309,88	47.176,53
105	47.176,53	330,24	0,00	0,00	309,88	47.816,64
106	47.816,64	334,72	0,00	0,00	309,88	48.461,24
107	48.461,24	339,23	0,00	0,00	309,88	49.110,35
108	49.110,35	343,77	0,00	0,00	309,88	49.764,00
109	49.764,00	348,35	0,00	0,00	309,88	50.422,23
110	50.422,23	352,96	0,00	0,00	309,88	51.085,07

111	51.085,07	357,60	0,00	0,00	309,88	51.752,54
112	51.752,54	362,27	0,00	0,00	309,88	52.424,69
113	52.424,69	366,97	0,00	0,00	309,88	53.101,54
114	53.101,54	371,71	0,00	0,00	309,88	53.783,13
115	53.783,13	376,48	0,00	0,00	309,88	54.469,49
116	54.469,49	381,29	0,00	0,00	309,88	55.160,66
117	55.160,66	386,12	0,00	0,00	309,88	55.856,67
118	55.856,67	391,00	0,00	0,00	309,88	56.557,54
119	56.557,54	395,90	0,00	0,00	309,88	57.263,33
120	57.263,33	400,84	0,00	0,00	309,88	57.974,05
121	57.974,05	405,82	0,00	0,00	309,88	58.689,75
122	58.689,75	410,83	0,00	0,00	309,88	59.410,46
123	59.410,46	415,87	0,00	0,00	309,88	60.136,21
124	60.136,21	420,95	0,00	0,00	309,88	60.867,04
125	60.867,04	426,07	0,00	0,00	309,88	61.602,99
126	61.602,99	431,22	0,00	0,00	309,88	62.344,09
127	62.344,09	436,41	0,00	0,00	309,88	63.090,38
128	63.090,38	441,63	0,00	0,00	309,88	63.841,89
129	63.841,89	446,89	0,00	0,00	309,88	64.598,67
130	64.598,67	452,19	0,00	0,00	309,88	65.360,74
131	65.360,74	457,53	0,00	0,00	309,88	66.128,14
132	66.128,14	462,90	0,00	0,00	309,88	66.900,92
133	66.900,92	468,31	0,00	0,00	309,88	67.679,11
134	67.679,11	473,75	0,00	0,00	309,88	68.462,74
135	68.462,74	479,24	0,00	0,00	309,88	69.251,86
136	69.251,86	484,76	0,00	0,00	309,88	70.046,50
137	70.046,50	490,33	0,00	0,00	309,88	70.846,71
138	70.846,71	495,93	0,00	0,00	309,88	71.652,51
139	71.652,51	501,57	0,00	0,00	309,88	72.463,96
140	72.463,96	507,25	0,00	0,00	309,88	73.281,09
141	73.281,09	512,97	0,00	0,00	309,88	74.103,94
142	74.103,94	518,73	0,00	0,00	309,88	74.932,54
143	74.932,54	524,53	0,00	0,00	309,88	75.766,95
144	75.766,95	530,37	0,00	0,00	309,88	76.607,20
145	76.607,20	536,25	0,00	0,00	309,88	77.453,33

146	77.453,33	542,17	0,00	0,00	309,88	78.305,38
147	78.305,38	548,14	0,00	0,00	309,88	79.163,40
148	79.163,40	554,14	0,00	0,00	309,88	80.027,43
149	80.027,43	560,19	0,00	0,00	309,88	80.897,50
150	80.897,50	566,28	0,00	0,00	309,88	81.773,66
151	81.773,66	572,42	0,00	0,00	309,88	82.655,96
152	82.655,96	578,59	0,00	0,00	309,88	83.544,43
153	83.544,43	584,81	0,00	0,00	309,88	84.439,12
154	84.439,12	591,07	0,00	0,00	309,88	85.340,07
155	85.340,07	597,38	0,00	0,00	309,88	86.247,33
156	86.247,33	603,73	0,00	0,00	309,88	87.160,94
157	87.160,94	610,13	0,00	0,00	309,88	88.080,95
158	88.080,95	616,57	0,00	0,00	309,88	89.007,40
159	89.007,40	623,05	0,00	0,00	309,88	89.940,33
160	89.940,33	629,58	0,00	0,00	309,88	90.879,79
161	90.879,79	636,16	0,00	0,00	309,88	91.825,83
162	91.825,83	642,78	0,00	0,00	309,88	92.778,49
163	92.778,49	649,45	0,00	0,00	309,88	93.737,82
164	93.737,82	656,16	0,00	0,00	309,88	94.703,87
165	94.703,87	662,93	0,00	0,00	309,88	95.676,67
166	95.676,67	669,74	0,00	0,00	309,88	96.656,29
167	96.656,29	676,59	0,00	0,00	309,88	97.642,76
168	97.642,76	683,50	0,00	0,00	309,88	98.636,14
169	98.636,14	690,45	0,00	0,00	309,88	99.636,48
170	99.636,48	697,46	0,00	0,00	309,88	100.643,81
171	100.643,81	704,51	0,00	0,00	309,88	101.658,20
172	101.658,20	711,61	0,00	0,00	309,88	102.679,68
173	102.679,68	718,76	0,00	0,00	309,88	103.708,32
174	103.708,32	725,96	0,00	0,00	309,88	104.744,16
175	104.744,16	733,21	0,00	0,00	309,88	105.787,25
176	105.787,25	740,51	0,00	0,00	309,88	106.837,64
177	106.837,64	747,86	0,00	0,00	309,88	107.895,38
178	107.895,38	755,27	0,00	0,00	309,88	108.960,53
179	108.960,53	762,72	0,00	0,00	309,88	110.033,14
180	110.033,14	770,23	0,00	0,00	309,88	111.113,25

181	111.113,25	777,79	0,00	0,00	309,88	112.200,92
182	112.200,92	785,41	0,00	0,00	309,88	113.296,21
183	113.296,21	793,07	0,00	0,00	309,88	114.399,16
184	114.399,16	800,79	0,00	0,00	309,88	115.509,83
185	115.509,83	808,57	0,00	0,00	309,88	116.628,28
186	116.628,28	816,40	0,00	0,00	309,88	117.754,56
187	117.754,56	824,28	0,00	0,00	309,88	118.888,72
188	118.888,72	832,22	0,00	0,00	309,88	120.030,82
189	120.030,82	840,22	0,00	0,00	309,88	121.180,92
190	121.180,92	848,27	0,00	0,00	309,88	122.339,07
191	122.339,07	856,37	0,00	0,00	309,88	123.505,32
192	123.505,32	864,54	0,00	0,00	309,88	124.679,74
193	124.679,74	872,76	0,00	0,00	309,88	125.862,38
194	125.862,38	881,04	0,00	0,00	309,88	127.053,29
195	127.053,29	889,37	0,00	0,00	309,88	128.252,54
196	128.252,54	897,77	0,00	0,00	309,88	129.460,19
197	129.460,19	906,22	0,00	0,00	309,88	130.676,29
198	130.676,29	914,73	0,00	0,00	309,88	131.900,91
199	131.900,91	923,31	0,00	0,00	309,88	133.134,09
200	133.134,09	931,94	0,00	0,00	309,88	134.375,91
201	134.375,91	940,63	0,00	0,00	309,88	135.626,42
202	135.626,42	949,38	0,00	0,00	309,88	136.885,69
203	136.885,69	958,20	0,00	0,00	309,88	138.153,77
204	138.153,77	967,08	0,00	0,00	309,88	139.430,73
205	139.430,73	976,02	0,00	0,00	309,88	140.716,62
206	140.716,62	985,02	0,00	0,00	309,88	142.011,52
207	142.011,52	994,08	0,00	0,00	309,88	143.315,48
208	143.315,48	1.003,21	0,00	0,00	309,88	144.628,57
209	144.628,57	1.012,40	0,00	0,00	309,88	145.950,85
210	145.950,85	1.021,66	0,00	0,00	309,88	147.282,38
211	147.282,38	1.030,98	0,00	0,00	309,88	148.623,24
212	148.623,24	1.040,36	0,00	0,00	309,88	149.973,48
213	149.973,48	1.049,81	0,00	0,00	309,88	151.333,18
214	151.333,18	1.059,33	0,00	0,00	309,88	152.702,39
215	152.702,39	1.068,92	0,00	0,00	309,88	154.081,18

216	154.081,18	1.078,57	0,00	0,00	309,88	155.469,63
217	155.469,63	1.088,29	0,00	0,00	309,88	156.867,80
218	156.867,80	1.098,07	0,00	0,00	309,88	158.275,75
219	158.275,75	1.107,93	0,00	0,00	309,88	159.693,57
220	159.693,57	1.117,85	0,00	0,00	309,88	161.121,30
221	161.121,30	1.127,85	0,00	0,00	309,88	162.559,03
222	162.559,03	1.137,91	0,00	0,00	309,88	164.006,82
223	164.006,82	1.148,05	0,00	0,00	309,88	165.464,75
224	165.464,75	1.158,25	0,00	0,00	309,88	166.932,88
225	166.932,88	1.168,53	0,00	0,00	309,88	168.411,29
226	168.411,29	1.178,88	0,00	0,00	309,88	169.900,05
227	169.900,05	1.189,30	0,00	0,00	309,88	171.399,23
228	171.399,23	1.199,79	0,00	0,00	309,88	172.908,91
229	172.908,91	1.210,36	0,00	0,00	309,88	174.429,15
230	174.429,15	1.221,00	0,00	0,00	309,88	175.960,03
231	175.960,03	1.231,72	0,00	0,00	309,88	177.501,63
232	177.501,63	1.242,51	0,00	0,00	309,88	179.054,03
233	179.054,03	1.253,38	0,00	0,00	309,88	180.617,28
234	180.617,28	1.264,32	0,00	0,00	309,88	182.191,48
235	182.191,48	1.275,34	0,00	0,00	309,88	183.776,71
236	183.776,71	1.286,44	0,00	0,00	309,88	185.373,02
237	185.373,02	1.297,61	0,00	0,00	309,88	186.980,51
238	186.980,51	1.308,86	0,00	0,00	309,88	188.599,26
239	188.599,26	1.320,19	0,00	0,00	309,88	190.229,33
240	190.229,33	1.331,61	0,00	0,00	309,88	191.870,82
Totais em 240 meses (20 anos)		Rendimento acumulado (R$)	Administração acumulada (R$)	Inflação acumulada (R$)	Aportes acumulados (R$)	Total acumulado (R$)
		117.499,62	0,00	0,00	74.371,20	191.870,82

No final desse período, mesmo pagando aluguel, você teria **R$ 191.870,82 (cento e noventa e um mil oitocentos e setenta reais e oitenta e dois centavos)**, ou seja, 76,75% do valor total do imóvel, bastando ter uma entrada de R$ 58.129,18, tendo todas as vantagens de comprar o imóvel à vista com poder de barganhar o preço. **Você consegue 76,75% do valor total do imóvel economizando apenas 30,67% do valor da prestação do financiamento que você faria pela CEF.** Quanto maior o percentual da prestação que você aplica, em menos tempo você atinge o valor total do imóvel. Logo é muito mais vantajoso você pagar aluguel e economizar 30% do valor da prestação da casa própria ou mais do que financiar a casa própria e pagar as suas prestações, pagando aluguel. **Se você financia ao invés de investir você está perdendo dinheiro!** Só quem ganha com isso são as instituições financeiras, como os bancos.

Por último você pode estar perguntando: Mas na prática como faço com o valor dos aportes considerando a inflação? Simples, a cada janeiro ajuste o valor do aporte mensal considerando o índice IPCA acumulado dos últimos 12 meses, usando a fórmula:

Valor do aporte para esse ano = Valor do aporte do ano passado + (valor do aporte do ano passado*IPCA(%)). Ou simplesmente invista em títulos que lhe dão um valor fixo de ganho mais o valor da inflação do período, como no caso do **Tesouro Direto**, que explicaremos mais adiante.

Resumo do capítulo: Devemos economizar para termos uma RESERVA DE EMERGÊNCIA e para FUGIRMOS DOS JUROS DO FINANCIAMENTO.

COMO ECONOMIZAR DINHEIRO

Primeiro vamos definir dois conceitos básicos de tipos de despesas.

Despesas fixas: São aquelas despesas que pagamos, geralmente, uma ou várias vezes no mês, como, por exemplo, os gastos com telefone, luz, supermercado, etc. Também neste livro são chamadas de custeio, que significa o quanto de dinheiro você deve gastar por mês para manter o seu padrão de vida (seja você solteiro ou casado).

Despesas eventuais: São aquelas despesas que não ocorrem todo mês. Neste caso temos como exemplo a anuidade do cartão de crédito, a assinatura de uma revista, remédios, compras de presentes (principalmente em datas comemorativas como aniversários, páscoa, natal e ano novo), manutenção de veículos, IPVA, DPVAT, ITBI dentre outros.

Agora que definimos os tipos de despesas podemos adotar a estratégia que melhor se aplica a cada tipo de despesa e ao seu estilo de vida.

1) Cortar despesas

Este tipo de procedimento é feito eliminando, reduzindo à zero a despesa com determinada coisa. As despesas mais fáceis de serem cortadas ou eliminadas são as **despesas eventuais**. Você já comprou a assinatura de um jornal ou revista e depois disso viu que não tinha tempo para ler e que os jornais ou revistas acumulavam dentro da própria embalagem sem serem abertos? E o pior você condicionou essa assinatura ao débito automático na sua conta ou na fatura do cartão de crédito? Se a resposta for sim elimine de vez esse tipo de despesa cancelando por definitivo a assinatura, pois, se você nem lê os jornais ou revistas é porque sua vida flui normalmente sem a presença deles. Ou você é do tipo de pessoa que prefere tomar café na rua a tomá-lo em casa? Se você tem a opção de tomar seu café da manhã antes de sair de casa pare de tomá-lo na rua e elimine essa despesa desnecessária. Agora é sua vez: Qual (ais) despesa(s) que se encaixa(m) na descrição de despesa eventual e que você pode eliminar sem que isso mude a sua vida? Tome uma caneta e um papel e anote-as o quanto antes.

2) Reduzir custos

É inegável que as despesas eventuais têm um impacto grande no nosso orçamento, mas, sinceramente falando, as nossas grandes despesas são as despesas fixas, aquelas que pagamos todos os meses (ou menor período) e que duram indefinidamente. No caso dessas despesas nós não podemos simplesmente eliminá-las, temos que lançar mão das técnicas de redução de custos, que são as seguintes:

Diminuir a frequência:

Suponha que você tenha o hábito de jantar fora quatro vezes ao mês, em determinado restaurante. Você pode reduzir os custos diminuindo a frequência com que você vai nesse lugar, de quatro para duas vezes no mês. Sem deixar de ir ao restaurante que gosta você conseguirá uma redução de 50% na sua despesa.

Diminuindo o valor unitário (substituição):

Suponha que todos os dias após o almoço você compre uma barra de chocolate por R$ 2,00 (dois reais). A quantidade de barras de chocolate compradas em um mês de 22 dias úteis é de 22 barras, o que impõe um custo de R$ 44,00 (quarenta e quatro reais). Agora suponha que ao invés de você comprar uma barra de chocolate você compre um bombom, no valor de R$ 1,00 (um real). Utilizando o mesmo mês de 22 dias úteis, o total de bombons comprados é 22, o que custa R$ 22,00 (vinte e dois reais). Só de substituir o tipo de doce que você compra depois do almoço você economiza R$ 22,00 (vinte e dois reais) por mês, o que equivale à R$ 242,00(duzentos e quarenta e dois reais) por ano, se você trabalhar 11 meses. (Por favor, tire 01 mês de férias ao menos por ano.).

Diminuindo a frequência e o valor unitário:

Uma forma que podemos potencializar a economia é unir as duas técnicas, diminuindo a frequência e o valor unitário da despesa ao mesmo tempo. Continuando o exemplo do doce depois do almoço que vimos anteriormente, imagine que além de substituir a barra de chocolate por um bombom você resolva comprar esse bombom, dia sim, dia não. A economia mensal seria de R$ 33,00 (trinta e três reais) e a economia anual seria de R$ 363,00 (trezentos e sessenta e três reais).

Dicas práticas

Economizando em casa

1) Não permita pequenos vazamentos de água em casa;
2) Evite banhos demorados, limpe os orifícios do chuveiro regularmente, além de mudar a chave de "inverno" para "verão" nos dias quentes;
3) Não molhe os jardins desnecessariamente ou quando ou ao meio-dia;
4) Não use mangueira como vassoura;
5) Mantenha as torneiras fechadas ao usar o barbeador, o sabão, as esponjas, as buchas e enquanto escova os dentes;
6) Regule, quando necessário, a boia da caixa d'água;
7) Não permita luzes acesas desnecessariamente;

8) Redimensione as potências das lâmpadas e escolha lâmpadas com maior eficiência energética;
9) Diminua a chama do fogão quando os alimentos começarem a ferver (isto não aumentará o tempo de cozimento);
10) Aproveite o máximo da iluminação natural;
11) Compre sempre eletrodomésticos de baixo consumo observando sempre o selo PROCEL;
12) Evite abrir e fechar a porta da geladeira e do freezer a todo o momento. As borrachas de vedação devem estar sempre em bom estado. Não forre as grades internas da geladeira com toalhas ou plásticos, pois isto impede a circulação de ar;
13) Reduza o uso de aparelhos que usem resistência elétrica para gerar calor;
14) Acumule o maior volume de roupas possível para passar e passe-as de uma só vez. Antes de terminar tudo desligue o ferro e aproveite o calor restante para passar peças leves e pequenas;
15) Evite conversas desnecessárias ao telefone;
16) Conheça e utilize os horários de desconto nas ligações telefônicas;
17) Telefone para aparelhos celulares só em casos de necessidade;
18) Pesquise o melhor plano de sua operadora para o seu padrão de uso do celular;

19) Realize pequenos concertos;
20) Evite o desperdício de alimentos;
21) Cuide do seu patrimônio;
22) Procure um plano de internet que atenda suas necessidades com o melhor custo-benefício;
23) Não deixe a televisão ligada se ninguém estiver assistindo e não durma com a TV ligada, programe o timer para o desligamento automático.

Economizando no supermercado

1) Não vá ao supermercado com fome, isso vai motivá-lo a comprar mais do que você realmente precisa;
2) Antes de sair, faça uma lista com os itens que você precisa comprar e as quantidades. Assim você pode focar no objetivo principal que é comprar os itens necessários e evitar distrações que o levem a comprar itens supérfluos;
3) Evite levar as crianças ao supermercado;
4) Verifique os prazos de validade dos itens;
5) Compare as embalagens e verifique o preço do produto por unidade de peso ou volume (R$/Kg, R$/l etc.);
6) Observe bem o valor constante nas etiquetas das gôndolas e consulte sempre os valores das mercadorias nos terminais de consulta antes de finalizar sua compra;
7) Leve uma calculadora, caneta e papel para conferir o montante antes de passar no caixa;

8) Se você foi ao supermercado para comprar um item em promoção, compre apenas esse item, geralmente o desconto é compensado no preço dos outros produtos;
9) Não faça compras no dia em que você recebeu o pagamento, você pode ser vítima da síndrome do "estou rico!";
10) Dê preferência para frutas e legumes da estação, pois são mais saborosos e são mais baratos.

Economizando com bancos

1) Pesquise os pacotes de serviços, pois as diferenças de tarifas entre bancos são enormes;
2) Procure ter apenas uma conta-corrente e de preferência uma conta salários. Você pode ter várias contas poupança para fazer suas movimentações financeiras sem pagar tarifas;
3) Cuidado com as facilidades de crédito oferecidas pelos bancos como o crédito pessoal e o crédito pré-aprovado, pois estes costumam ter juros muito altos. De preferência use as técnicas desse livro e nunca mais pegue empréstimos bancários;
4) Não deixe o dinheiro aplicado se você tiver dívidas. Os juros cobrados por uma dívida são sempre superiores aos rendimentos de qualquer investimento. Os bancos não jogam para perder;

5) O gerente do banco não é o seu amigo ou seu consultor financeiro particular, ele é funcionário de uma instituição financeira que precisa de lucros, por isso ele tem metas de número de empréstimos, leasing etc. O gerente do banco trabalha para dar lucro ao banco. Ele não trabalha para dar rendimentos a você;
6) Não entre no cheque especial;
7) Tenha apenas um cartão de crédito e utilize apenas para sua conveniência, não como crédito, utilize as dicas do livro sobre como lidar com o cartão de crédito, de preferência use apenas cartão de débito;

Economizando com os filhos

1) Dê presentes aos seus filhos somente em datas especiais como aniversário, Páscoa, Dia das Crianças e Natal;
2) Não se torture por não dar ao seu filho todas as coisas que ele pede. Isso o ensinará a dar maior valor às coisas e fará com que ele se torne um adulto produtivo, com autoestima e capaz de assumir responsabilidades;
3) Converse com seus filhos sobre finanças e eduque-os com relação a finanças pessoais;
4) Incentive seu filho a poupar dando-lhe um "bônus" quando chegar a uma meta de poupança. Ajude-o a traçar objetivos de curto, médio e longo prazo, mas deixe que ele escolha como vai gastar o dinheiro poupado;

5) Crie uma mesada de forma periódica e regular. A periodicidade pode ser diária, semanal ou mensal dependendo do seu acordo com ele. Não dê dinheiro antes do próximo período se o dinheiro do seu filho acabar antes. Isso o ajudará a administrar suas próprias despesas;
6) Fixe o valor da mesada, não dê valores variáveis e nem por períodos variáveis;
7) Conforme a idade da criança decida quais despesas serão incluídas no valor da mesada e quais ficarão sob responsabilidade dos pais. Para o seu filho universitário, por exemplo, todas as despesas dele podem ser incluídas na mesada, inclusive o pagamento da faculdade. Incentive-o a procurar um estágio ou emprego também;
8) Você não deve adiantar, emprestar ou dar dinheiro mais do que foi estabelecido ao seu filho. Isso só servirá para deseducá-lo financeiramente;
9) Seu filho deverá ser educado de modo a fazer escolhas, inclusive escolhas financeiras que impactaram no orçamento dele;
10) Evite ter contas conjuntas com seus filhos, principalmente se ele for adolescente. Conta conjunta não é interessante nem com seu cônjuge, quanto mais com seu filho adolescente.

Economizando com viagens

1) Planeje tudo antes e faça um orçamento com antecedência. Utilize a técnica DSOP para criar um fundo para uma viagem específica ou um fundo específico para viagens. O orçamento deve incluir: hospedagem, transporte, alimentação, passeios turísticos e uma reserva para alguma eventualidade;
2) Evite feriados ou épocas de altas temporadas;
3) Pesquise pacotes turísticos, verifique os preços e leve cópias dos contratos para casa, a fim de serem lidos com mais calma antes de assiná-los. Verifique também no PROCON e sites como o "reclame aqui" se há reclamações contra a agência de viagens;
4) Tenha um orçamento só para compras durante a viagem e em hipótese alguma gaste mais do que o planejado.

Economizando com o carro

1) Carro velho é uma caixinha de surpresas, expõe-nos a riscos desnecessários, falha sempre no pior momento, consome mais combustível e sua manutenção é mais cara;
2) O carro seminovo é uma ótima opção, porém deve ser comprado com cuidado. Deve estar com a documentação e revisões em dia e ter todos os seus equipamentos em perfeito funcionamento. O IPVA é mais barato que o do carro novo, já se encontra razoavelmente depreciado, e, portanto, perde-se menos dinheiro de desvalorização com ele com ele em relação a um carro novo na hora da venda;

3) O carro mais novo consome menos combustível e tem menos custos de manutenção.

Economizando para pagar impostos

1) Use a técnica DSOP para economizar dinheiro durante todo o ano para impostos como IPVA, IPTU, Contribuições para Conselhos de classe e outros impostos que são cobrados anualmente. Você também pode usar o dinheiro do seu "14º Salário*" para pagar esses impostos.
* O 14º Salário é implementado juntando-se 1/12 do seu salário durante um ano e programando a retirada desse valor ou no mês de dezembro do ano corrente ou no mês de janeiro do ano seguinte.

Fluxograma do consumo consciente

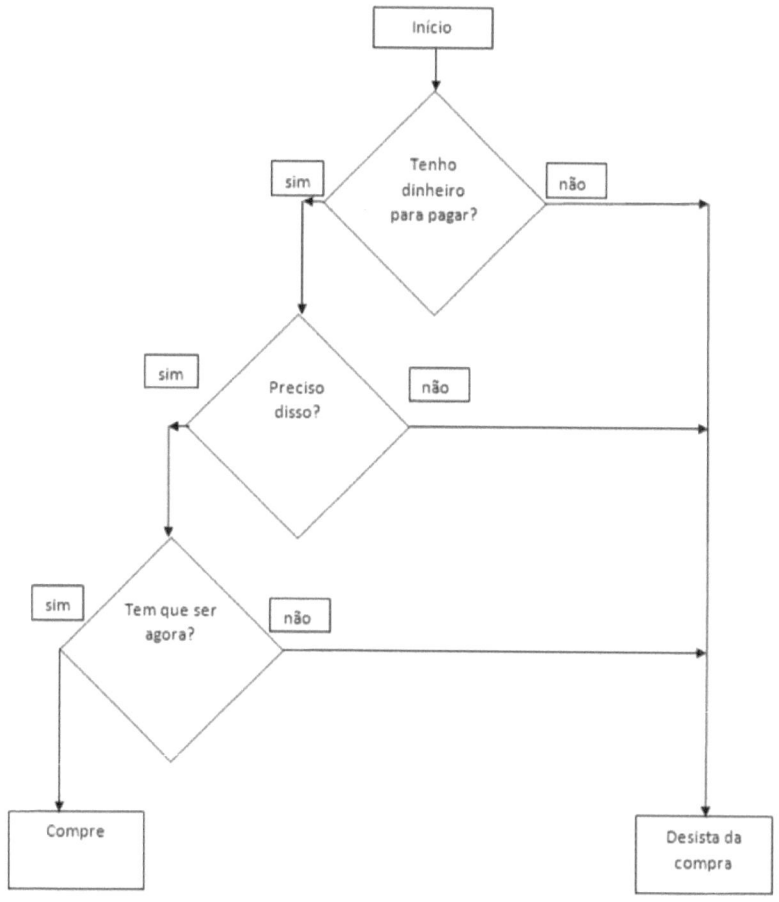

3) Ganhar mais

Consiste basicamente em arrumar um "bico", um emprego informal aos fins de semana ou ser um revendedor de empresas tipo Avon, Natura, Jequiti, etc, vender infoprodutos como afiliado na internet ou mesmo ter um segundo emprego. Qualquer coisa que sirva para aumentar a sua renda mensal se encaixa nesse tópico.

CAPÍTULO 5 – COMO INVESTIR

ENRIQUECIMENTO

Enriquecer nada mais é que o dinheiro trabalhar para você e não você trabalhar para o dinheiro. Essa frase que já se tornou um jargão é bem simples de falar, mas difícil de entender e por em prática. Vou tentar melhorar o conceito para que você possa me entender.

Quando eu digo que o dinheiro tem que trabalhar para você, o real significado dessa afirmação é que o dinheiro que você tem investido seja ele em aplicações financeiras, negócio próprio, imóveis alugados, bens para revenda, livros, vídeo aulas, áudios, expertise, etc, retorna lucros para você, de forma passiva (sem que você tenha que investir tempo neles), e que parte desses lucros sejam reinvestidos gerando mais lucros, fazendo assim a "roda girar" no "piloto automático".

Quando eu digo que você não deve trabalhar para o dinheiro estou me referindo exatamente a trabalhar como empregado, investindo o seu tempo na empresa, e receber um salário que sirva apenas para "pagar as contas", mesmo que essas contas sejam a prestação da casa, do carro e do sítio novo. O salário que o trabalhador recebe é uma indenização pelo seu tempo gasto na empresa e não um bônus. O recurso mais precioso que temos é o tempo e não o dinheiro. Portanto, se você trabalhar a vida inteira como empregado, sem juntar dinheiro para investir (colocar o dinheiro para trabalhar para você) você nunca irá enriquecer. Tem uma história interessante a respeito disso: certa vez um repórter foi entrevistar um homem que havia ficado bilionário aos 68 anos, e o repórter intrigado com o sucesso do homem nesta idade perguntou para ele – Por que o senhor ficou bilionário aos 68 anos de idade e não aos 58 anos ou 48 anos? E o novo bilionário disse: - Eu fiquei bilionário aos 68 anos de idade porque passei muito tempo trabalhando e me esqueci de enriquecer. Conclusão: Trabalhe de forma inteligente, utilizando os recursos que você tem para gerar capital, em um primeiro momento, e depois para investir esse capital de forma a gerar renda passiva, só assim você poderá enriquecer e ter uma aposentadoria tranquila. Trabalhe mais para você e menos para os outros, afinal o recurso mais precioso que você tem é o seu tempo, dedique mais tempo à sua família, à sua saúde, ao lazer e ao conhecimento, além é claro de aprender sobre finanças pessoais e investimentos financeiros.

COMÉRCIO

A ideia do comércio é bem simples: comprar algo por um preço e revender por um preço maior de forma a gerar ganho real de capital ou lucro. Porém muitas pessoas derrapam no conceito de lucro, achando que lucro é simplesmente vender por um valor maior do que comprou. Na verdade você pode vender um produto por um valor maior do que você comprou e ainda sim ter prejuízo, que é o contrário do lucro. Gosto de definir lucro como: O preço de revenda a partir do qual você consiga comprar a mesma quantidade do produto vendido e que ao mesmo tempo cubra todos os custos de venda. Para entendermos o que é lucro, primeiro vamos entender o que é Lucro Zero. E para entender o que é Lucro Zero, vamos analisar um exemplo:

Suponha que você é um comerciante de metais e que você venda barras de aço. O seu comércio só vende três tipos de barras de aço: barras de 10 cm, de 15 cm e de 20 cm de comprimento. Suponha que durante um mês você venda 500 barras de 10 cm, 300 barras de 15 cm e 200 barras de 20 cm. Imagine ainda que você disponha de apenas 01 (um) funcionário para dar conta da loja. Para calcularmos o custo de cada barra precisaremos dos dados da tabela abaixo:

Descrição	Valor (R$)
Barra de aço de 10 cm	3,50 por unidade
Barra de aço de 15 cm	4,00 por unidade
Barra de aço de 20 cm	4,50 por unidade
Aluguel	2500,00 por mês
Luz	450,00 por mês
Água	250,00 por mês
Telefone	300,00 por mês
Funcionário	2000,00 por mês

Tabela 5: Valores que integrarão o custo dos produtos

Logo o custo do mês para vender as 1000 (mil) barras de aço foi: 500x3,50 + 300x4,00 + 200x4,50 +2500,00 + 450,00 + 250,00 + 300,00 + 2000,00 = 9350,00 (nove mil trezentos e cinquenta reais). Tirando o valor gasto para comprar as barras, temos o valor das despesas fixas que é: 2500,00 + 450,00 + 250,00 + 300,00 + 2000,00 = 5500,00 (cinco mil e quinhentos reais), ou seja, vendendo ou não você deverá pagar R$ 5500,00 todo mês (incrível como tem pessoas que não pensam nisso).

Afinal de contas, como eu calculo o preço a partir do qual eu vou ter lucro? Essa resposta é simples: Veja as suas vendas! As barras de 10 cm representam 50% das suas vendas, logo elas terão que cobrir 50% as suas despesas fixas e 100% do preço de compra. As barras de 15 cm representam 30% de suas vendas, logo elas vão ter que cobrir 30% das suas despesas fixas e 100% do preço de custo e por último as barras de 20 cm representam 20% das suas vendas logo elas devem cobrir 20% das suas despesas fixas e 100% do preço de custo. Por fim o preço no qual se tem o Lucro Zero (valor das receitas com as vendas é igual ao custo para se vender) é: LZ = PC + %DF – onde LZ – Lucro Zero; PC – Preço de Compra e %DF – percentual das Despesas Fixas por unidade de produto. Primeiro vamos calcular o %DF de cada produto:

%DF = Despesa Fixa / Quantidade vendida de todos os produtos = 5500 / 1000 = R$ 5,50 por unidade. Então para cada barra teremos o valor do Lucro Zero de acordo com a seguinte tabela:

Produto	Preço de compra	Despesas por unidade (% DF)	Lucro Zero (LZ)
Barra 10 cm	3,50	5,50	9,00
Barra 15 cm	4,00	5,50	9,50
Barra 20 cm	4,50	5,50	10,00

Tabela 6 – Lucro Zero

Para você obter lucro você precisa vender a barra de 10 cm por um valor acima de R$ 9,00, a barra de 15 cm por um valor acima de R$ 9,50 e a barra de 15 cm por um valor acima de R$ 10,00. O conceito mais importante que o comerciante tem que saber é o conceito de Lucro Zero. É mais importante que o valor percentual do "lucro" ([Preço de venda – Preço de compra] / Preço de compra), pois se você não sabe qual o valor mínimo que você deve vender uma mercadoria você tem grandes chances de vendê-la por um valor abaixo do necessário para se manter, gerando assim prejuízo e falência. Agora vamos calcular o exemplo anterior com os nossos valores de revenda?

Vendas = 500 barras de 10 cm por 9,00 + 300 barras de 15 cm por 9,50 + 200 barras de 20 cm por 10,00 = 500x9,00 + 300x9,50 + 200x10,00 = 9350,00 (nove mil trezentos e cinquenta reais) que é exatamente o nosso custo mensal para vender as 1000 barras que vendemos, então Vendas – Custo = Lucro Zero. Por fim vale ressaltar que a maioria das pessoas acha que a barra de 10 cm tem um lucro de ([9-3,50] / 3,50) 157%; a barra de 15 cm tem um lucro de ([9,5-4,00] / 4,00) 138% e a barra de 20 cm tem um lucro de ([10-5,50] / 4,50) 122% quando na verdade as três barras tem 0% de lucro, entenderam? 0% de lucro, ou seja, Lucro Zero.

Outra sugestão é o Lucro Zero com pesos invertidos. Isso se aplica quando você precisa ter o preço de venda do seu produto mais barato mais suavizado, devido, por exemplo, à concorrência elevada daquele produto no mercado. O exemplo está na tabela abaixo:

Produto	% venda	Despesas Fixas	% invertido	%DFi	LZ
Barra 10 cm	50	5500,00	20	2,20	5,70
Barra 15 cm	30	5500,00	30	5,50	9,50
Barra 20 cm	20	5500,00	50	13,75	18,25

Tabela 7 – Lucro Zero com percentual de despesas invertido %DFi

Obs.: %DFi = (Despesas Fixas * % invertido) / Quantidade vendida.

MARKETING MULTINÍVEL

O marketing multinível é a maneira mais barata e com mais baixo risco para se empreender. Durante o processo você ainda aprende princípios básicos do empreendedorismo, como visão estratégica, conectar-se aos seus clientes, demonstrar o valor do seu produto, vendas, construção de redes, desenvolvimento pessoal, liderança e o que é renda residual.

Além disso ele pode ser totalmente desenvolvido em meio horário, não necessitando assim que você abandone o seu emprego ou negócio, ou seja o seu plano A.

Procure uma empresa séria e com mais de 5 anos de mercado e ao entrar procure fazer o seu melhor. Experimente por um período de no mínimo 1 ano. Tenho certeza que se você decidir não continuar, sairá de lá uma pessoa e um empreendedor melhor.

TESOURO DIRETO [1]

Muitas pessoas que possuem um perfil mais conservador para investimentos não conhecem essa modalidade de investimento. Trata-se do Tesouro Direto, um programa de venda de títulos públicos a pessoas físicas desenvolvido pelo Tesouro Nacional, em parceria com a Companhia Brasileira de Liquidação e Custódia (CBLC).

Os títulos públicos são ativos de renda fixa que se constituem em boa opção de investimento para a sociedade. Possuem a finalidade primordial de captar recursos para o financiamento da dívida pública, bem como para financiar atividades do Governo Federal, como educação, saúde e infraestrutura.

A carteira dos fundos de renda fixa oferecidos pelos bancos é formada basicamente por títulos públicos. Com isso, o banco passa a ser um intermediário entre você e o Tesouro Nacional, facilitando a sua vida na definição dessa carteira, porém cobrando – obviamente – por isso.

A grande sacada é retirar essa intermediação e, consequentemente, diminuir os custos de administração. E é muito simples investir.

Tesouro Direto Vale a Pena?

O Tesouro Direto vale a pena demais!
As principais vantagens são:

- Excelente opção em termos de rentabilidade;
- As taxas de administração são muito baixas;

Você tem a possibilidade de diversificar seus investimentos, obtendo variadas rentabilidades, como pós-fixadas (pela taxa básica da economia), prefixadas e indexadas a índices de preços;

Você pode se garantir realizando poupança de longo prazo ao optar por títulos indexados a índices de preços, e ainda obtém rentabilidade real significativa;

Você pode gerenciar seus investimentos com comodidade, segurança e tranquilidade;

Você investe com objetivos definidos e levando em conta fatores como: valor a investir, prazo, taxa de juros e riscos;

A liquidez é garantida pelo Tesouro Nacional;

Você tem maior poder de tomada de decisão e controle do seu patrimônio;

Os títulos públicos são considerados de baixíssimo risco pelo mercado financeiro.

Títulos públicos disponíveis para compra

Os títulos oferecidos são LTN (Letra do Tesouro Nacional), NTN-F (Nota do Tesouro Nacional – série F), NTN-B (Nota do Tesouro Nacional – série B), NTN-B Principal e LFT (Letra Financeira do Tesouro).

As duas primeiras (LTN e NTN-F) são prefixadas, ou seja, a taxa de rentabilidade é pré-determinada no momento da compra. Ela é dada pela diferença entre o preço de compra e pelo preço no momento do vencimento. O fluxo não é corrigido por nenhum indexador.

Já a NTN-B, NTN-B Principal e LFT são pós-fixadas. O valor do título é corrigido pelo seu indexador.

Assim, a rentabilidade do título depende tanto do desempenho do seu indexador, quanto do deságio pago no momento da compra (taxa de juros real ou prêmio).

A NTN-B e NTN-B Principal são atreladas ao IPCA e a LFT é indexada à taxa Selic.

Mudança nos nomes dos títulos públicos

O Tesouro Direto anunciou que os nomes dos títulos públicos vão mudar.

Apesar das mudanças ainda não estarem no ar, aqui estão os novos nomes dos títulos públicos:

Tesouro Prefixado (antes chamado de LTN)

Tesouro Prefixado com Juros Semestrais (antes chamado de NTN-F)

Tesouro Selic (antes chamado de LFT)

Tesouro IPCA (antes chamado de NTN-B)

Tesouro IPCA com Juros Semestrais (antes chamado de NTN-B Principal)

BOLSA DE VALORES

Como investir na Bolsa de Valores? Este tema por si só já daria um livro bem grosso. No caso deste livro não tenho a pretensão de esgotar o assunto, mas sim de passar princípios. Então ninguém melhor que Warren Buffett, o maior investidor mundial da Bolsa de Valores, para nos dizer quais os princípios que regem as suas aplicações na Bolsa. Quando Buffett compra ações de uma Empresa na Bolsa os princípios que ele usa são estes:

1 – Capacidade de gerar fluxo de caixa livre mesmo em condições adversas de mercado.

2 – Crescimento consistente do lucro por ação ao longo do tempo, traduzido também em crescimento dos dividendos.

3 – Baixo nível de endividamento ou – ainda melhor – posição excedente de caixa.

4 – Vantagens competitivas ou barreiras à entrada que reforcem a perpetuidade do negócio.

5 – Blindagem em relação a ingerências governamentais, mas também sem cair em vícios privados (ex. executivos incompetentes).

Então, seguindo estes princípios a partir de agora procure complementar seu conhecimento procurando leituras específicas sobre Como Investir na Bolsa. Lembre-se você é seu maior ativo e o maior investimento que podemos fazer em nós mesmos é a educação. Você também pode procurar uma empresa especializada em oferecer relatórios e expertise da bolsa para assinar alguns desses relatórios e aumentar sua curva de aprendizagem (Ex. Consultorias especializadas em Bolsa de Valores).

ALOCAÇÃO DE ATIVOS[2]

Muitas pessoas ficam encantadas com a possibilidade de obter ganhos altos e rápidos no mercado financeiro, e começam a investir sem a preparação ideal.

O resultado todo mundo já sabe: ficam desiludidos e, na maioria das vezes, saem com menos dinheiro do que tinham no início.

As causas são as mais diversas: falta de educação financeira, culto aos "gurus" do mercado, reportagens que incentivam o investimento em momentos de alta (justamente quando a bolsa está mais cara) ou que colocam medo em momentos de baixa (logo quando os ativos estão muito baratos).

O objetivo deste artigo é apresentar a alocação de ativos, estratégia de investimento que realmente funciona, além de uma leitura complementar de altíssimo nível sobre o tema.

Alocação de ativos

Alocação de ativos é uma estratégia de investimentos que busca melhorar a relação entre risco e retorno através do tamanho da posição, ou seja, o quanto o investidor investe em cada ativo de acordo com a sua tolerância ao risco, metas e horizonte de tempo.

Renomados estudos acadêmicos mostram que mais de 90% da variação do retorno de uma carteira de investimentos no longo prazo é atribuída a sua alocação de ativos.

A porção restante – menos de 10% – é atribuída ao market timing (momento de compra e venda de um ativo) e a escolha de determinadas ações individuais e títulos.

Portanto, lembre-se que a alocação de ativos, ou seja, o quanto você destina para cada investimento em sua carteira, é 9 vezes mais importante do que quando você compra determinado ativo e qual é esse ativo.

Ao investir, pense no quanto ao invés de qual e quando.

Outro estudo muito relevante mostrou que 66% dos fundos ativos de ações no Brasil perdem para o Ibovespa. Mesmo com grandes equipes para analisar balanços e visitar empresas, apenas 1/3 dos fundos conseguem obter sucesso no mercado.

Onde eu quero chegar com tudo isso? Você vai descobrir daqui a pouco...

Veja agora 4 vantagens da alocação de ativos na prática:

- 1 – Minimiza o risco de uma carteira de investimentos

A sensível diminuição do risco é a principal vantagem da alocação de ativos. Muitos investidores caem na ilusão de atentar somente para o retorno de um ativo. Porém, esquecem que maiores retornos estão ligados a maiores riscos.

Como a alocação de ativos minimiza o risco de uma carteira de investimentos? Diversificação é a palavra-chave.

Investindo em diversos ativos você diminui o impacto do resultado negativo de um único ativo na carteira.

Harry Markowitz, pai da moderna teoria dos portfólios, já explicava em 1950 como o risco de uma carteira é menor do que a soma dos riscos individuais de cada ativo. Parece abstrato, mas na prática é um conceito bem simples de entender.

- 2 – Fácil de entender, simples de praticar e ideal para alcançar ótimos resultados.

A alocação de ativos vai direto ao ponto. Basicamente, você só precisa seguir 5 passos para montar e gerenciar sua carteira de investimentos:

Defina o percentual que irá investir em cada classe (categoria) de ativos. Ex: 70% em Renda Fixa e 30% em Renda Variável.

Defina quais ativos você pretende incluir nestas categorias. Ex: Renda Fixa (LFT, LTN e NTN-B) e Renda Variável (BOVA11 e SMAL11).

Defina o quanto irá alocar em cada ativo específico. Ex: Renda Fixa (30% em LFT, 20% em LTN e 20% em NTN-B) e Renda Variável (20% em BOVA11 e 10% em SMAL11).

Utilize os aportes mensais para equilibrar a carteira.
Monitore sua carteira ao longo de um período preestabelecido.

- 3 – Menos custos, menos stress e mais tempo fora do mercado.

Diferentemente das técnicas de alta frequência e rotatividade de ativos, a alocação de ativos tem foco no longo prazo e na baixa rotatividade de ativos (menos custos).

Alocação de ativos é uma estratégia de reduzir riscos. O objetivo é que você melhore a relação risco × retorno de sua carteira e saiba exatamente o que fazer em diversos cenários (menos stress).

A alocação de ativos é uma forma de colocar a carteira em piloto praticamente automático, fazendo apenas revisões em um período pré-determinado (mais tempo livre).

- 4 – Planejamento com foco no longo prazo

Um dos maiores desafios para o investidor é deixar de se preocupar com as microtendências (movimentos de curto prazo) do mercado e pensar sempre no longo prazo. Essa abordagem, embora simples, permite fazer planejamentos melhores e mais eficientes.

Os conceitos da alocação de ativos como minimização de riscos e custos, além de desenvolver qualidades como disciplina e paciência, interligam-se ao pensamento com foco no longo prazo.

Agora acredito que vocês estão preparados para o próximo capítulo, no qual eu explico **onde você deve investir para criar riqueza na sua vida!**

CAPÍTULO 6 – ATIVOS FINANCEIROS

O conceito de ativo financeiro é muito simples, porém 97% das pessoas vão passar a vida inteira e morrer sem saber o que é.

"Ativo Financeiro é tudo aquilo que coloca dinheiro no seu bolso, 24h por dia, sem que você precise trabalhar."

Simples assim, independente de você ir trabalhar ou não, independente de você estar acordado ou não, o Ativo Financeiro gera renda para você, o tempo todo e indefinidamente. Vou citar alguns exemplos para ficar mais claro.

1) Imóveis de Aluguel;
2) Dividendo de ações ou participações;
3) Propriedade intelectual;
4) Direitos autorais;
5) Comissão por vendas em uma rede de marketing multinível;
6) Aplicações com juros compostos que superem a inflação;
7) Infoprodutos que gerem receitas recorrentes;
8) Lista de e-mails de clientes / fãs;
9) Negócio sólido, lucrativo e escalável;
10) Robôs de negociação de ações ou forex estatisticamente rentáveis
11) Redes (supermercado, franquias, sociais, etc);
12) Qualquer outra coisa que se encaixe no conceito de Ativo Financeiro.

Todos os bilionários do mundo investem e tem obsessão por comprar e ter ativos financeiros. Na verdade o ideal é ter uma diversificação dos ativos, para que no momento em que um não estiver tendo tanto retorno, esse déficit seja coberto por outro, gerando assim uma RENDA PASSIVA média praticamente invariável. Se sua RENDA PASSIVA (ou seja, aquela oriunda dos ATIVOS FINANCEIROS) for maior ou igual ao seu gasto mensal para manter o seu estilo de vida, então você conseguiu LIBERDADE FINANCEIRA.

A IMPORTÂNCIA DE TER VÁRIAS FONTES DE RENDA

As pessoas mais bem sucedidas dos mundo tem de 5 a 7 fontes de renda. Assim elas não ficam presas à um "emprego" ou ao medo de "perder o emprego" e ficar sem salário. A junção da renda que você gera ativamente (aquela que você troca horas por dinheiro) e a renda que você gera passivamente é o que vai lhe proporcionar propósito e liberdade financeira.

A partir de agora e para o resto de sua vida, foque em investir o seu dinheiro em ATIVOS FINANCEIROS!

CONCLUSÃO

Sua vida financeira é muito importante para você não pensar nela. Aplique os princípios desse livro e desfrute de uma vida financeira sólida e bem estruturada para que você possa investir mais tempo (e também mais dinheiro) nas outras áreas da sua vida.

REFERÊNCIAS

http://queroficarrico.com/blog/2014/02/17/verdade-sobre-dinheiro/

Sicoob – Cofal, Cartilha de planejamento do orçamento doméstico, disponível em:
http://www.sicoobcofal.com.br/Paginas/educacaofinanceira/default.aspx

Educação Financeira DSOP, disponível em: http://www.dsop.com.br

Trabalhar ou enriquecer? Cerbasi, Gustavo. Disponível em:

http://www.maisdinheiro.com.br/artigos/4/14/trabalhar-ou-enriquecer-

(1) http://queroficarrico.com/blog/tesouro-direto/
(2) http://queroficarrico.com/blog/2012/03/20/o-que-e-alocacao-de-ativos/

(R$)

www.ingramcontent.com/pod-product-compliance
Lightning Source LLC
Chambersburg PA
CBHW020928180526
45163CB00007B/2921